세상에 없는 것

되기 위해 달려가는 분당우리교회 개척일기

| 이찬수 지음 |

생명의말씀사

세상에 없는 것
되기 위해 달려가는 분당우리교회 개척일기

ⓒ 생명의말씀사 2003

2003년 12월 20일 1판 1쇄 발행
2023년 1월 31일   29쇄 발행

펴낸이 | 김창영
펴낸곳 | 생명의말씀사

등록 | 1962. 1. 10. No.300-1962-1
주소 | 서울시 종로구 경희궁1길 6 (03176)
전화 | 02)738-6555(본사) · 02)3159-7979(영업)
팩스 | 02)739-3824(본사) · 080-022-8585(영업)

지은이 | 이찬수

기획편집 | 유선영, 박보영, 장주연
디자인 | 디자인어스
인쇄 | 영진문원
제본 | 보경문화사

ISBN 89-04-07084-8 (03230)

저작권자의 허락없이 이 책의 일부 또는 전체를
무단 복제, 전재, 발췌하면 저작권법에 의해 처벌을 받습니다.

세상에 없는 것되기 위해 달려가는 분당우리교회 개척일기

 추천사

세상에 없는 것,
이것이 되고 이것을 주는 교회

"이찬수 목사님은 하나님과 청소년을 사랑하는 열심이 특심합니다. 사랑의교회에서 청소년들을 지도하면서 놀랍도록 그들을 변화시켰습니다. 이제 한 걸음 더 나아가 분당우리교회를 개척하고 수많은 영혼을 그리스도께 인도하고 있습니다. ……개척한 지 1년이 채 안 되었음에도 불구하고 하나님은 분당우리교회에 엄청난 부흥을 허락하셨습니다. 참으로 놀랍고 축하할 만한 일입니다. 분당우리교회가 잃어버린 한 영혼을 찾아가 기쁨의 소식을 전하는 그리스도의 편지가 되기를 바랍니다. 소망을 잃고 삶의 무게에 짓눌린 이들의 어깨를 감싸주는 사랑의 편지가 되기 바랍니다. 한국 교회를 살리는 일에 힘써 주십시오."

연초 이찬수 목사가 교회 소개 책자를 편다기에 써주었던 격려글을 다시 열어보았습니다. 내가 지켜보고 또 들리는 이야기에 의하면 위의 격려글이 헛되지 않은 것 같습니다. 분당우리교회와 이찬수 목사를 보면서 감사하고 대견한 마음이 듭니다. 이 교회와 그의 목회가 사람을 많이 모았거나 간혹 언론매체에 오르내려서가 아니라, 교회됨의 알맹이에 충실히 다가가려고 애쓰고 있다고 믿기에 앞으로도 주시하려고 합니다. 분당에서 들려오는 사람 살아나는 이야기, 서로를 용서하고 사랑 안으로 들어가는 이야기, 이 아까운 인생, 가치 있는 일에 써보려고 어깨동무하며 착한 일에 힘쓰는 이야기를 두 귀 쫑긋 모으고 기대할 것입니다.

이 책을 여는 독자들에게 부탁드립니다. 이 책은 목회 고수의 교회 개척 노하우가 아닙니다. 이찬수 목사는 아직 젊기에 실수할 수 있고 넘어질 수 있습니다. 저는 독자 제현께서 이 풋내 나는 젊은 목사의 개척일기를 통해, 본질에만 충실하다면 어떤 모양으로도 자기의 몸을 이 세상, 이 시대에 힘 있게 드러내실 수 있는 교회의 주인 그리스도를 신뢰하는 법을 배우실 것을 권합니다. 목회 기술이 아니라 '왜 이 시대에 아직도 교회 개척이 필요한가?' 라는 문제를 놓고 치열하게 고민하는 한 목회 초년생의 때 묻지 않은 초심을 높게 사주시기를 부탁드립니다.

천정이 주저앉고 땅이 꺼지는 듯한 어지럼증을 느끼며 목회해온 현장을 뒤로 하고 그분과 더 가까운 사귐의 시간으로 들어가는 길목에 선 저입니다. 아들 같고 친구 같고 동지 같은 이찬수 목사, 그리고 세상에 없는 것 되고 그것을 주기 위해 달려가는 분당우리교회를 보면서 제자훈련 외길로 걸어온 삶과 남은 경주가 결코 헛되지 않았다고 조심스레 스스로를 위로해 봅니다. 그리고 형편과 모양은 다를지라도 '평신도를 깨운다'와 '제자훈련 지도자 세미나'를 통해 방방곡곡, 아니 세계 이곳저곳에서 주님의 몸인 교회를 세워가는 목회자, 평신도 지도자들께도 소중한 지면과 인연을 빌어 격려의 인사를 전합니다.

주님이 사랑하시는 한 사람을 위하여
사랑의교회 **옥한흠** 목사

 추천사

든든한 울타리,
든든한 삼촌 같은 우리 목사님!

　성도의 책에 목사님이 추천사를 써주시는 것은 많이 보았지만, 그 반대의 경우는 참 드문 일인 것 같습니다. 그렇기에 무언가 뒤바뀐 듯한 이상한 글이 될지도 모르지만 그저 편하게 우리교회의 우리 목사님 이야기를 여러분께 들려드린다는 마음으로 적어봅니다.

　이찬수 목사님과 알게 된 것은 일 년 반 전쯤, 제가 거의 알려지지 않았을 때였습니다. 누군가 제 홈페이지에 이찬수 목사님이 설교 중에 제 이야기를 하셨다는 글을 올려놓은 것을 보고 교회 홈페이지에 들어가 영상 설교를 통해 목사님을 뵌 것이 첫 만남이었습니다. 추수감사절 예배에 제 홈페이지의 글을 읽으시던 목사님의 모습은 너무나 열정적이었고, 설교는 당사자인 제가 듣기에도 참 감동적이었습니다. ^^*

　목사님의 설교는 한결같이 따뜻하면서도 냉철합니다. 상처 입은 마음, 곤고한 심령들에게 전하는 하나님의 사랑이 있고, 또한 경직된 마음, 강퍅한 심령, 잠자는 영혼을 깨우는 힘이 있습니다. 그리고 제가 느낀 이찬수 목사님 설교의 최고 장점은 '쉽다'는 것입니다. 목사님의 말씀은 그리 아는 게 많지 않은 제가 들어도 이해하기 쉽고, 머리보다 가슴에 먼저 와 닿습니다. 목사님의 설교 속엔 어려운 신학적 해석도, 먼 나라 예화도 없습니다. 목사님은 자신의 삶 가운데서, 그리고 묵상과 기도에서 얻어진 것들을, 우리와 가장 가까운 언어들로 전달해 주십니다. 본인이 알고 느낀 것을 다른 사람들이 잘 이해할 수 있도록 쉽게 전달한다는 것은 정말 귀한 은사라고 생각합니다.

분당우리교회는 참 젊습니다. 젊은 사람들만 다닌다는 말이 아닙니다. 깨끗하고 청렴한 마음으로 섬기시는 이찬수 목사님과 교역자 분들이 계셔서 우리교회는 늘 젊습니다. 모두가 청년 같은 마음으로 예배하며, 섬기는 모습이 참 아름다운 교회입니다. 그곳에서 목사님과 함께 같은 교회를 섬긴다는 것은 큰 축복인 것 같습니다.

저를 처음으로 간증하게 해주신 분이 바로 이찬수 목사님이십니다. 누구 앞에서도 해 본 적 없는 간증을 주일 하루 동안 세 번이나 하면서 또 다른 은혜를 체험할 수 있었습니다. 그리고 '이찬수'라는 든든한 울타리, 든든한 삼촌도 한 분 생겼습니다. 어려울 때마다 크고 작은 일들을 의논하고 상의할 수 있는 목사님이 계셔서 참 기쁩니다. 아마도 이런 마음은 분당우리교회 식구들 대부분이 갖는 마음일 것입니다.

상처받은 마음을 싸안으며, 작은 일에도 축하하며 격려하는……, 분당우리교회는 정말 교회 맨 앞에 붙여진 현수막에 써 있는 말 그대로 "함께 울고, 함께 웃는 우리"입니다. 우리교회가 지금까지 달려온 이야기, 얼마 되지는 않았지만 울고 웃었던 사연들이 목사님의 고백으로 엮인 이 책은 마치 또 다른 저의 일기와도 같습니다.

우리 교회와 함께 '우리'가 될 수 있어 참 감사합니다.

'지선아, 사랑해'의 이 지 선

 저자 서문

은혜로만 가능한 부흥

 지난 여름, 전국 교역자 영성 수련회에 강사로 나서게 되었는데 그 수련회의 주제는 "40대 뉴 리더들에게 듣는다"였습니다. 집회장에 조금 일찍 도착하여 주최측에서 준 강의안 책자를 봤더니 부제에 이렇게 적혀 있었습니다.
 "개척하여 장년 출석 1,000명을 이룬 40대의 젊은 목사님들을 강사로 초청하여 그들의 비하인드 스토리와 부흥 사례를 가감 없이 전하는 귀한 수련회입니다."

 집회 장소로 들어갔더니 꽤 알려진 젊은 목사님께서 열강을 하고 계셨습니다. 뒷자리에 앉아 강의를 들으면서 받은 책자를 뒤적이는데 문득 제 머리에 두 가지 의문이 스쳐 지나갔습니다.
 '내가 과연 40대 뉴 리더인가?'
 그리고 바로 이어진 두 번째 질문은 이것이었습니다.
 '개척 1년 만에 장년 1,000명 이상 모이는 교회가 되었다고 과연 부흥한 교회인가?'
 왜 두 번째 질문을 하게 되었냐면, 그 날 제가 강의할 제목이 "오직 은혜로만 가능하게 된 교회 부흥"이었기 때문입니다.
 강사로 초대되어 그 자리에 올 때까지 한 번도 가지지 못했던 의혹에 가까운 두 가지 질문이 30여 분 동안 제 머리를 떠나지 않았습니다. 강의하는 동안 열악한 환경 속에서 고생스럽게 개척교회와 미자립 교회를 이끄시는 많은 목사님들과 사모님들이 우시는 것을 보았습니다.

강의를 마치고 돌아오는 차 안에서 눈물을 멈추지 못하시는 그분들의 모습을 떠올리며 많은 생각을 했습니다. 이름 없이 주님의 교회를 위해 눈물을 뿌리시는 그분들이야말로 한국교회 '40대 뉴 리더'들 아닐까. 눈물을 흘리며 씨를 뿌리듯, 척박한 밭을 가꾸듯 목회하시는 그분들의 작은 교회야말로 하나님께서 기뻐하시는 교회라는 생각이 들었습니다.

사실 오래전에 저는 이 원고를 완성해 두었습니다.

개척 시작부터 개입하신 하나님의 손길과 상상할 수 없는 은혜를 나누고 싶었기 때문입니다. 그러나 무려 일 년 가까이 책을 출간하지 못한 용기 없음은 바로 위에서 제기한 '두 가지 질문' 때문이었습니다. 말은 '오직 은혜로만 가능하게 된 교회 부흥'이라고 하면서 그 속에 무서운 자기 자랑과 과시가 배어 있지 않을까 많이 고민하고 많이 생각했습니다. 그러나 아무리 생각해도, 그리고 부인하려고 해도 그 동안의 교회 성장 과정은 전적인 하나님의 은혜입니다. 송림 중고등학교 예배실로 들어가게 된 과정부터 시작하여 도저히 일어날 가능성이 전무한 일들을 하나님이 허락하셨습니다.

부디 이 책에서는 하나님이 어떻게 일하셨는지만 전달되면 좋겠습니다. 아직도 하나님은 교회를 위하여 일하고 계신다는 사실만 나타났으면 좋겠습니다.

이제 용기를 내어 졸저를 세상에 내어놓으려고 합니다. 부족하고 못난 어린 종에게 하나님께서 어떻게 역사하셨는가를 전하고 싶습니다. 그 과정에서 불순물이 최소화되기를 소원합니다. 한국교회 안에 놀라운 갱신과 변화가 일어나기를 소원하고 계시는 아버지 하나님께만 영광이 되면 좋겠습니다.

무엇보다도 제 멘토이자 믿음의 아버지 되신 옥한흠 목사님께 머리 숙여 감사드립니다. 보고 흉내 내며 배울 샘플인 '큰 바위 얼굴'이 있다는 것이 얼마나 큰 행복인지요. 옥 목사님을 만난 것은 하나님이 제 인생에 주신 가장 큰 선물 중 하나입니다.

전폭적으로 개척을 지원해 주신 사랑의교회 성도님들께도 감사를 드리지 않을 수 없습니다. 또한 아름답게 지은 학교 예배실을 알지도 못하고 얼굴도 모르던 저에게 선뜻 내어주셨던 송림학교 박형규 이사장님께 머리숙여 감사드립니다. 그 일을 위하여 애써 주신 고정찬 장로님, 박기성 실장님 그 외 학교 관계자분들께도 감사를 드리지 않을 수 없습니다.

또한 지난 일 년 반 동안 믿고 따라와 주시며 개척 시작부터 무리가 되도록 수고해 주신 많은 믿음의 동역자들께 감사를 드립니다. 그들의 수고가 없었다면 오늘의 '분당우리교회'는 결단코 불가능했습니다. 이름을 다 열거할 수 없을 정도로 많은 믿음의 동지들을 보내 주신 것은 하나님께서 제게 주신 특별한 복이었습니다. 이 책이 나올 수 있도록 결정적으로 힘을 주신 생명의말씀사 김창영 총무님과 직원분들께도 감사드립니다.

저를 믿고 묵묵히 따라와 준 제 아내와 세 자녀에게도, 지금도 새벽마다 눈물의 기도로 후원해 주시는 어머니와 장모님께도 감사를 표합니다.

저는 참 행복한 목회자입니다.

2003년 12월
이 찬 수 목사

목차

- 추천사 · 5
- 저자 서문 · 9

첫째 마당_ 더 좋은 것을 얻기까지 · 15

회귀본능 · 착한 일을 일으키는 사람 · 시간표 반납
왜 나까지 · 젊은 교회를 세워보자 · 여기, 못 들어옵니다!
목사 말은 못 믿습니다 · 그래, 정도를 걸으마
믿음으로 택한 명분 · 산에 천막이라도 칠까요
미션스쿨을 찾아라 · 그 시간에 벌어진 일
피 마르던 넉 달 · 사람을 엮어 일하시는 하나님
그 목사가 바로 그 목삽니다 · 절묘한 타임 세팅

둘째 마당_ 한 우리, 너나없는 우리 · 59

기도회와 자유토론 · 네 가지 목표 · 다음 세대에 투자하라
교회 속 설탕이 아니라 세상 속 소금이 되는 교회
냉담자들의 마음을 데워라 · 기다려주는 성도들
창립 멤버가 먼저 희생하세요 · 장로, 포기하세요
초심의 약속 · 팀워크로 세우는 교회
손발이 착착 맞는 평신도들 · 커피 향기 그윽한 섬김의 교회
젊게 다가간다 · 관계중심의 사역

셋째 마당_ 쓴 물을 단물로 바꾸는 교회 · 105

상처받은 사람들 · 노예근성과 이별하자

포옹 안 하려면 다른 교회 가세요

가출한 자식도 자식입니다 · 상식적인 것이 영적인 것이다

우리교회로 오세요 · 치료가 일어나는 교회

예배를 살리겠습니다 · 지루한 4퍼센트를 위한 몸부림

자기학대가 아닌가 · 나처럼 편한 목사 있으면 나와 보라고 해

그 목사, 안 변했네 · 예방의 손길 · 목회는 영적 전쟁

헛된 기대감 빼버리기 · 악함까지 위임하는 목회

두 가지 원천적 질문 · 다시 묻는 길 · 고치는 게 두렵지 않다

친절 교육 · 우리는 완제품이 아닙니다

만남, 최고의 축복 · 내가 한 게 아니라

>>> 첫째 마당
    더 좋은 것을 얻기까지

회귀본능

목회 길에 들어서기까지 무지근히 마음을 누르던 무게가 있었다. 교회 사랑이 너무 크셨던 아버지는 교회를 위해 40일 동안 물도 안 마시는 금식기도를 하시다가 17일 째 되던 날 돌아가셨다. 그런 아버지의 순교를 목도한 어머니는 어린 나를 붙들고 이렇게 말씀하시곤 하셨다.

"찬수야, 나는 네가 아버지 뒤를 이어 목사가 되어주면 좋겠다. 네 아버지가 기도하다 돌아가신 영광은 누리셨지만 그러나 인간적으로는 목회의 꽃을 피우지 못하고 돌아가셨다. 네가 아버지 뒤를 이어 교회를 향한 네 아버지의 못다 이룬 꿈을 이어 다오!"

그랬다. 나는 목사의 아들로 태어났다.

어머니는 늘 자상한 웃음을 띠며 말씀하셨지만, 강요에 가깝게 들렸던 목회에 대한 당부… 하지만 그 당부를 외면한 채 서른이 되기까지 나는 어머니의 염원을 비껴 다녔다. 온 가족이 시카고로 이민을 떠나 어머니와 5남매가 함께 그곳에서 사는 동안 목회는 나와 상관없는 세계였다. 그러다 돌연 한국행을 마음먹었다. 무엇엔가 낚아채인 듯 한국으로 돌아올 결심이 선 것이다. 그때가 나이 서른... 서른이 내가 버틸 수 있는 한계였던 모양이다.

'금식기도하다 돌아가신 아버지의 뒤를 이어 목회자가 되자. 고국의 신학교에서 목회학 석사 과정을 이수하자.'

이민 가방 두 개 달랑 들고 김포공항에 내렸을 때 내 머리 속에 있던 생각은 오직 이것뿐이었다. 그것은 언제나 귀에 쟁쟁한 어머니의 말씀, 그 조용한 당부에서 단초를 찾을 수 있을 것 같다. 금식기도 17일 만에 유명을 달리하신 아버지, 비원(悲願)에 가까운 어머니의 간절한 바람, 역 유학... 이것이 내 목회의 배경이요 출발점이다.

내게는 한국교회에 대한 열망과 소원이 있었다. 미국 땅에 온 가족을 두고 혼자서, 그것도 서른이라는 어중간한 나이에, 나름대로 7년 동안 미국에서 쌓아 놓은 기반을 내려놓고 한국으로 되돌아온 것을 보면 그렇다. 단기적으로는 내 가슴 한켠을 울렁이게 하는 고국의 가련한 청소년들을 잘 섬기고 돌보는 일을 하고 싶었고, 궁극적으로는 아버지가 그토록 열망했고 소원했던 교회를 세우는 일에 한번 헌신하고 싶은 마음이 간절했다.

착한 일을 일으키는 사람

"미쁘다 이 말이여, 사람이 감독의 직분을 얻으려 하면 선한 일을 사모한다 함이로다"(딤전 3:1).

20대 후반을 지나 30대로 들어가는 길목에서 나는 이 말씀 앞에 멈춰 서서 한동안 눈을 뗄 수가 없었다. 눈을 뗄 수 없을 뿐 아니라 이 말씀은 점점 내 가슴에 불을 질렀다. 감독자, 요즘으로 말하면 교회의 지도자가 되려는 사람은 훌륭한 일, 선한 일을 갈망하는 사람이라는 것인데… 내 아버지가 그토록 갈망하고 일평생 이루고자 했던 것은 진정 선한 일이었다. 새삼 가슴에 사무쳤다. 선한 일을 갈망하는 직분이 바로 목사임을 깨달았을 때의 희열과 흥분이 잊혀지지 않는다.

한국으로 돌아온 나는 사랑의교회에서 중학생부와 고등학생부를 오가며 10

년 간 청소년 사역을 했다. 그런데 청소년 사역을 시작한 지 5, 6년이 지나자 딜레마에 빠졌다. 청소년 사역은 어떤 의미에서 한시적인 일이었고 궁극적인 꿈은 교회를 이루는 것이었다. 어느 시점에서 청소년 사역을 접어야 할 것인지 고민하며 보내는 시간이 점점 많아졌다.

그리고 가끔씩 알 수 없는 초조함이 엄습해 왔다.

'나는 언제 주일학교 건물에서 벗어나 사랑의교회 메인 건물에 있는 장년 사역 교역자실로 옮기나? 교회학교 부서에서 나와 협력했던 파트타임 후배 교육 전도사들은 신학교 졸업하고 장년 사역을 맡아 활발하게 사역하는데 나만 이 자리에 정체돼 있는 건 아닌가? 장년 사역은 열매도 크고 보람도 많다는데, 그런 즐거움은 언제 누릴 수 있을까?'

지금 생각해 보면 청소년부 교역자에서 장년부서 교역자가 되는 한국적인 승진 개념, 본부 건물로 아직 건너가지 못하고 뒤쳐져 있다는 쓸데없는 위기감이 내 목을 조여 왔던 것 같다.

사실 청소년 사역자로서 10년을 지낼 계획은 처음의 스케줄에 없었던 일 아니었던가. 청소년 사역은 잠시 몸을 담았다 지나가는 정류장이고 청장년들을 대상으로 한 본격적인 목회에 투신하는 수순을 밟아야 하는 건데… 이런 갈등으로 씨름하는 와중에도 어쩐 일인지 나는 점점 더 청소년 사역에 빨려 들어가고 있었다.

시간표 반납

두 마음을 품는 것, 그것은 오래 끌어서는 안 될 일이었다. 우선 그런 염려와 고민으로부터 자유롭고 싶다는 생각이 강렬해졌다. 그리고 아이디어가 떠올랐다. 하나님께 서약 비슷한 것 한 가지를 드리기로 했다.

'하나님, 저는 단독 목회, 교회 개척에 대한 강력한 꿈을 갖고 한국에 왔습니다. 이 꿈이 너무 선명하고 뚜렷하면 제가 지도하는 아이들이 다칠 위험이 있습니다. 아이들이 저의 목적이 아니라 수단이 될 위험이 있습니다. 그리고 몇 년부터 몇 년까지는 청소년 사역을 하고 몇 년부터는 장년 사역을 하겠다는 스케줄이 정해 있으면 아이들에게 몰두하는 일에 방해가 됩니다. 저의 필생의 비전은 언젠가 하나님의 교회를 세우는 것입니다. 하지만 언제와 어떻게, 이 두 가지는 하나님께 반납하겠습니다.'

미국에서 한국으로 역 이민 올 때 단독 목회, 교회 개척의 꿈을 갖고 왔는데 개척 목회의 스케줄을 안 갖겠다는 것 자체가 상당히 모순이라 할 수 있지만 내게는 오히려 강한 확신이 있었다. 이런 서약을 드린 후로는 청소년 사역에서 언제쯤 발을 빼고 개척은 언제 한다는 계획 자체를 멀리 밀쳐두었다. 아니, 청소년 사역에 매달리다가 영원히 단독 목회를 못 하게 된들 어떠랴 하는 생각도 들었다. 왜 꼭 장년 사역이어야 하나? 고집할 이유가 없었다.

다시 마음을 정비하고 청소년 사역에 전념하니 하루하루가 그저 행복했다. 행복 자체가 인생의 목표는 아닐 테지만 가장 가까운 사명에 집중하고 힘을 쏟으니 너무 멀리 내다볼 여력도 없었다. 그렇게 8년여의 세월이 흐르고 마흔이 되던 해 어느 날이었다. 옥한흠 목사님의 호출이 있어 달려가 보니 이런 말씀을 꺼내셨다.

"이 목사도 언젠가는 개척을 하거나 청빙을 받아서 가야 하는데, 지금 청소년에게만 매여 있는 것이 이 목사 발목을 잡는 것 같아서... 이 목사를 아끼는 입장에서 마음이 안타깝네. 이제 그만 청소년 사역을 정리하고 장년 사역을 1, 2년 정도 배우고 나서 개척을 하든지 하게."

막상 목사님께 그런 말씀을 듣고 있노라니 아버지 같은 목사님의 마음 씀씀이가 그저 감사하고 송구스러울 뿐이었다. 이제는 정말 때가 된 것일까? 청소년 사역이 궁극적인 사명일지도 모른다고 여기며 기쁘게 일해 왔지만 목사님의 속 깊은 충고와 배려를 저버릴 수도 없는 노릇 아닌가. 이제 아이들과

치고 받으며 노가다같이 굴렀던 청소년 사역에서 벗어나는가 하는 안도감마저 찾아오는 게 느껴졌다. 그런데, 그런데! 내 입에서는 엉뚱한 대답이 흘러나오고 있었다.

"목사님, 저는 우주를 통치하시는 하나님을 믿습니다. 하나님은 통전적인 분이시니까, 청소년 사역만 하다가 개척을 한다 해도, 제가 경험하지 못한 장년 사역의 부족한 부분도 다 채워 주실 것을 믿습니다. 목사님, 부탁이 있는데 제가 사랑의교회에서 청소년 사역을 하다가 이 교회를 떠나게 해주세요."

목사님께서는 한참 말씀을 아끼시더니 "이 목사 생각이 그렇다면 그렇게 하게나." 하고 결론을 내리셨다. 그래서 정말 사랑의교회에서 청소년 사역을 하다가 장년 사역은 근처에도 못 가보고 교회 문을 나선 셈이 되었다. 만 10년 동안, 고3부 입시생 돌보기 2년, 5년 간은 중학생부, 또 2년은 고등 1, 2학년 부서를 맡았고, 마지막 해에 첫 발을 디뎠던 부서인 고3부로 다시 돌아와 섬기다가 사랑의교회를 떠나온 것이다.

 왜 나까지

개척! 드디어 개척을 결심했다.

치밀한 계획이나 스케줄도 제대로 잡지 못하고 내린 결정이었지만 기울어진 마음을 외면할 수 없었다. 옥 목사님께서 "자네는 개척을 하는 게 좋을 것 같네. 나이를 생각할 때 더 늦어지면 안 되네." 하고 걱정하고 배려해 주셨을 때 그 문제를 놓고 심각하게 기도했었다. 그러나 기도 중에 사랑의교회 청소년 사역자로 남아야겠다는 생각이 발목을 잡는 바람에 그냥 남겠다고 했다. 그 후에 다시 개척하는 쪽으로 마음을 정하고 개척하겠다고 하는 등 한두 번 번복을 했고, 정말 마음에 확정을 지은 게 2001년 10월이었다. 그리고 이듬해인 2002년 3월 첫 주일에 창립예배를 드렸다.

맨 처음에는 시립대학 옆 전농동에 있는 미션 스쿨 H여상 강당을 빌릴 생각이었다. 이 학교는 수년 전 일년 가까이 매주 화요일 채플에서 설교를 한 인연이 있던 터라 물망에 올려놓았다. 인연을 내세워 교장 선생님을 찾아뵈었더니 전향적으로 검토해 보겠다고 하셔서, 옥 목사님께도 보고를 드렸다. 옥 목사님도 이사장에게 추천을 해줄 테니 목회 계획서를 보여 달라고 하셨다. 이렇게까지 일이 진행되긴 했지만 꼼꼼히 따져보니 공간 여건이나 몇 가지 조건이 안 맞아서 결국 포기를 했다. 좀 기운이 빠지긴 했지만 셋방 하나를 얻으려고 해도 발품 팔아가며 이집 저집 들여다보고 살피는 법인데 하물며 교회 부지를 고르는 일이랴 생각하니 다시 심기를 다질 수 있었다.

 일산, 수지 등지를 개척 후보지로 올렸다 내렸다 하다가 결국 분당에 낙점을 찍었다. 주변 사람들이 "왜 하필 분당이냐. 분당은 대형교회, 유명한 목회자들이 단단히 포진하고 있어 '영적인 스타워즈'라는 별칭이 붙은 곳인지 모르느냐?" 이런 류의 충고를 많이 해주었지만 누가 뭐라 해도 내게는 분당 입성의 한 가지 이유가 분명히 있었다. 바로 젊은이들이었다.

그 전에, 옥 목사님께 개척을 권유받은 이후부터 머리를 떠나지 않는 질문이 한 가지 있었다. 그것은 '왜 또 개척이 필요한가? 한국에 교회가 이렇게 많고 천덕꾸러기 노릇을 하고 있는 마당에 왜 교회를 하나 더 세워야 하는가? 안 믿는 사람들에게 십자가가 조롱의 표식이 된 한국 땅에서 왜 나까지 또 다른 교회를 세워야 하는가?' 하는 문제의식이었다. '신학교를 나왔고 나이가 찼기 때문에, 그리고 이제 더 이상 청소년 사역을 할 수 없는 나이가 됐기 때문에 당연히 밟아야 할 수순이 개척밖에는 없다는 말인가?' 이런 질문은 미국에서 나올 때의 교회를 향한 거룩한 열망에 찬물을 끼얹곤 했다.

젊은 교회를 세워보자

분당 지역에는 정말 훌륭한 교회가 많고 머리가 숙여지는 큰 목회자들도 많다. 그러나 내가 분석할 때, 대부분의 교회들이 40대 후반의 장년들 중심의 교회였다. 분당 지역에서 훌륭하다는 교회들 대부분은 전통적인, 점잖은 예배를 드린다. 교인들도 안정된 장년층이다. 이에 비해 분당 지역에서는 청소년들과 젊은이들을 잘 섬기는 교회를 찾기가 어려웠다. 말하자면 나는 풍요로운 분당 지역 내 틈새를 발견한 것이었다. 교회 개척이 새로운 사업 아이템을 구하며 시장을 노리는 비즈니스는 결코 아니다. 하지만 목회를 영혼을 구하고 살리는 사업이라고 해도 좋다면 나는 한번 어망 사이로 빠져나간 치어 같은 젊은이들을 건져 올릴 촘촘한 그물을 엮어보고 싶었다.

'그래, 분당 지역의 젊은이들을 잘 돌보는 교회가 필요해. 개척을 한다면 그런 교회였으면 좋겠어…'

이 꿈을 가지고 분당으로 들어가기로 했다.

그러나 막상 분당 지역을 뒤져보니 마땅히 개척할 장소가 없었다. 교회로 사용할 공간이 나오지도 않았다. 그러다가 정말 괜찮은 장소 한 군데를 발견했다. 실 평수가 80여 평 정도 되는 상가 4층이었다. 요모조모 따져보고는 더 이상의 공간은 없다는 결론을 내리고 계약을 결심했다. 공인중개사와 계약에 필요한 사항을 의논한 후, 다음날 건물 주인을 만나 계약금을 치르기로 약속을 했다. 마음이 들뜨고 흥분되었다. 새롭게 꾸기 시작한 꿈이 이제 구체적으로 눈에 들어오기 시작했다. 이렇게 계약을 확정하기로 하고 흥분된 마음으로 기다리던 그날 오후였다. 계약을 하루 앞두고 참 묘한 일이 벌어졌다. 뜬금없이 어떤 분이 나를 찾아왔다. 서울에 있는 재적 교인 약 3천 명 규모의 교회에서 내게 담임 목사로 청빙 의사를 타진하기 위해 온 것이었다.

"저희 교회는 상당히 전통적인 교회입니다만 지금 새로운 부흥을 위해서 몸부림을 치고 있습니다. 목사님같이 젊고 비전 있는 목회자를 모시면 분위기가 바뀔 것입니다. 또 얼마 안 있어서 인근에 아파트 단지가 들어서기 때문에 굉장히 전망이 있습니다. 그리고 지금도 이미 한 3천여 명 정도 재적 교인이 있는 대형 교회입니다. 목사님, 심사숙고해 주십시오."

이 무슨 징조인가. 교회 개척을 코앞에 두고 건물 계약만 남겨둔 시점에서 일이 묘하게 되어가다니... 헷갈렸다. 고요한 가슴에 파문이 일었다. 이 생각 저 생각에 잠기다 저녁 무렵 집에 들어서며 아내에게 이 사실을 털어놓았다.

"여보, 어떤 교회에서 날 청빙하고 싶대. 당신 알다시피 내일 계약금 치르기로 한 날 아닌가. 이게 도대체 무슨 뜻일까?"

아내는 한참 딴청을 부리는 듯하더니 더 생각하고 말 것도 없다는 표정으로 한마디 툭 내뱉었다.

"당신, 그런 것 가지고 고민할 게 뭐 있어요? 들어보니까 하나님께서 당신이 진짜 개척할 의지가 있는지 없는지를 테스트하는 거네요, 뭐..."

이 한마디가 내 뒤통수를 내리쳤다. 이렇게 간단한 숙제를 붙들고 잠시라도 고민했던 게 부끄러워졌다. 정신이 번쩍 들게 했던 아내의 말에 3천 명 교세 교회의 청빙은 아예 싹 잊어버렸다.

여기, 못 들어옵니다!

잠깐 주춤했던 정신을 가다듬고 다시 건물 임대계약 절차를 밟았다. 옥 목사님께 최종적으로 재가도 얻어 80평 건물 임대계약이 성사됐다. 예배 처소도 마련된 마당이라 우선 준비 기도 모임을 시작으로 본격적인 준비에 나섰다. 청소년 사역을 함께 하던 분들을 위시해서 30명을 약간 넘는, 열 가정 정도와 청년 몇 명이 합류하기로 결정이 되었다. 비록 열 가정 남짓이었지만 내게는 천군만마와 같이 든든한 분들이었다.

매주 토요일과 주일 저녁, 이렇게 이틀 동안 기도회로 모인 후에는 인테리어나 시스템 등 실질적이고 구체적인 사안들을 논의하는 시간을 가졌다. 소시민이 내집 마련의 꿈을 이루어도 마음이 부풀 텐데 교회의 청사진을 직접 그려가며 실질적인 현안들을 놓고 함께 논의하는 일은 정말 가슴 뛰는 일이었다. 아, 드디어 이렇게 교회가 시작되는구나 하는 설렘으로 밤잠도 쉬이 오지 않았다. 일이 진행되는 데 있어 별다른 이견도 없이 모든 게 순조로웠다.

드디어 1월 16일 수요일 오전, 분당구 정자동에 있는 건물 임대계약의 잔금을 치르는 날이 밝았다. 잔금을 치르기 위해 은행에 가서 번호표를 뽑아 들고 기다리다가 차례가 되어 은행 창구에 번호표를 막 내려는 순간, 휴대폰 벨이 울렸다. 낯선 목소리의 남자였다.

"저 ○○교회 ○○○목삽니다."

나는 교사 강습회나 교회학교 부흥회 인도 요청 건이려니 생각하고,

"죄송합니다만 제가 지금 전화 받기가 좀 곤란한데 5분 뒤에 다시 전화 주시면 감사하겠습니다." 하고 양해를 구하고 전화를 끊었다.

그리고 돈을 찾아 정자동으로 향하려는데 다시 벨이 울렸다. 좀 전의 그 목소리였는데 처음 받았을 때보다 목소리가 더 굳어 있는 느낌이었다.

"이찬수 목사님, 정자동으로 오신다면서요?"

나는 놀라서 "어, 어떻게 아셨습니까?" 하고 되물었다.

"저는 인근에 있는 교회의 담임목삽니다."

음색에서 느껴지는 분위기에 서늘한 기운이 감돌았지만 예를 갖춰 인사부터 챙겼다.

"아, 그러십니까? 인사가 늦었지만 잘 부탁드립니다."

하지만 가는 말이 곱다고 오는 말이 꼭 곱지는 않은 법인가 보다. 그 목사님은 좀 전보다 더 적개심을 품은 채 다짜고짜 으름장부터 놓았다.

"이 목사님, 여기에 못 오십니다!"

"예? 아니, 무슨 말씀을… 목사님 왜 그러십니까? 무슨 오해라도 있으신지요? 목사님, 일단 전화로 나눌 말씀이 아닌 듯하니 제가 찾아뵙겠습니다."

통화는 일단 여기서 끝났다.

목사 말은 못 믿습니다

전화를 끊고 나니 가슴 언저리가 꽉 조여 오면서 머리 속이 아득해졌다. 이런 복병이 숨어 있을 줄이야...

10년 동안 아이들과 뒹구는 청소년 사역을 하면서는 한 번도 맞닥뜨리지 못했던 순간이었다. 청소년들만 상대해 오다 보니 나이만 먹었지 세상 물정도 모르고 경험도 없는데... 그런 상태로 뛰어든 나로선 난데없는 전화가 너무 황망하여 이마에서 식은땀이 흐를 지경이었다. 두려움이 엄습했다. 이런 험악한 세계로 뛰어들어가서 내가 과연 잘 버틸 수 있을까?

찾아가겠다고 약속은 했지만 가서 무슨 말을 어떻게 할지, 호랑이 같은(웬지 얼굴도 그렇게 생겼을 것 같았다) 목사님 얼굴을 또 어떻게 쳐다보나... 이런 저런 어지러운 생각들이 머리 속을 휘저었다. 우선 계약 서류를 준비해 놓고 나를 기다리고 있을 공인중개사, 건물주에게 전화를 걸었다. 약간의 어려움이 생겼으니 계약을 하루만 미뤄 달라고 양해를 구했다. 서류 갖추어 놓고 기다리고 있는데 갑자기 그게 무슨 말이냐고 화를 냈지만 어쩔 수 없었다.

그러고 나서 그 목사님을 찾아갔다. 교회는 내가 들어가려던 건물 주변에 위치하고 있었다. 막상 만나보니 인상 좋은 아저씨 같았다. 목사님은 나를 보자마자 이렇게 말씀하셨다.

"이 목사님, 절대 여기에 못 들어오십니다. 목사님이 여기에 들어오면 우리는 다 죽습니다. 큰 교회 부목사로 계시던 분이 여기 들어오면 우리 교회에도 영향을 미칩니다."

이게 무슨 말인가 싶어서 "목사님, 조금 오해가 있으신 것 같습니다. 저같이 어린 사람이 어떻게 부근 교회들을 살리고 죽이고 하겠습니까? 이웃 교회끼리 서로 잘 협력해서 사역하면 오히려 주민들에게 좋은 인상을 주어서 시너지 효과가 있을 것입니다. 아니, 반드시 그런 결과가 있도록 하겠습니다."

"아, 여러 말 할 것 없습니다. 나는 반댑니다. 글쎄 이 목사님, 여기 못 들어옵니다."

호통에 가깝게 막무가내로 만류하시는 목사님의 말씀을 듣고 있으려니 곤혹스러움에 나도 어찌할 바를 몰랐다. '사랑의교회가 지교회처럼 전적인 후원을 하기로 결정한 첫 케이스인데 이게 잘못되면 어떻게 하나? 이런 공간 찾기가 쉽지 않은데... 여기를 양보하고 나면 이런 곳을 영영 못 찾을지 모르는데, 이건 또 어쩌나?' 이런 염려들 때문에 나는 체면이고 자존심이고 다 내려놓고 목사님을 붙들고 사정했다.

"목사님, 한 번만 제 입장을 좀 헤아려 주십시오. 이유야 어쨌든 목사님께서 부담감을 느끼시는 것, 충분히 이해합니다. 그렇지만 저도 이미 계약을 해버린 상태입니다. 계약금이 한두 푼도 아니고, 천만 원 가까운 돈이 이미 지불됐습니다. 정 부담이 되신다면 계약 기간 2년만 채우고 장소를 옮기겠습니다. 그리고 2년 동안도 목사님께 누가 되지 않기 위해 교회 간판을 달지 않겠습니다. 인근에 홍보물도 돌리지 않겠습니다. 인근에 있는 성도님들의 방문을 금하고 등록도 받지 않는다고 주보에 싣겠습니다. 2년만 목회하고 떠나겠습니다. 약속드릴게요."

이렇게 백보 양보하는 심정으로 간곡하게 양해를 구했지만 목사님의 입에서는 너무나 충격적인 말 한마디가 흘러나왔다.

"이 목사님이 방금 말씀하신 대로 된다면 얼마나 좋겠습니까만... 나는 목사들 말 안 믿습니다."

그래, 정도를 걸으마

나중에 자초지종을 들으니 그 목사님께는 상처가 많았다. 신의를 저버리는 이들에게 숱하게 당하셨던 것이다. 아무리 설득하고 사정해도 이야기가 통하지 않았다. 그렇지만 나는 궁지에 몰린 토끼 같은 심정으로 계속 비굴하다시피 통사정을 하며 매달렸다.

"목사님, 저 한 번만 살려주세요. 지금 제가 자력으로 개척을 하는 게 아닙니다. 모처럼 옥한흠 목사님과 사랑의교회가 교회 개척을 후원하기로 했는데, 여기서 해약을 하면 뭐가 되겠습니까, 예? 목사님이 한 번 봐주세요."

그제서야 목사님은 기세를 좀 누그러뜨리셨다.

"정 그렇다면 생각이나 해봅시다."

대화는 여기서 일단락되었다.

계약금을 찾고 뜻하지 않게 목사님을 만난 그 날은 한창 교단 내 전국 청소년 수련회 기간이었다. 그 집회에 주강사로 말씀을 전하다 설교가 없는 시간에 잠깐 자리를 비우고 와서 볼일을 보던 중이었다. 다시 수련회 장소로 되돌아가야 했는데 목사님을 만나고 돌아서니 몸과 마음이 너무 지쳐서 좀 쉬었다 오후에 가야겠다 생각하고 일단 집으로 향했다.

답답하고 괴로운 심정으로 문을 열고 들어서는데 당시 세 살 먹은 막내아들 녀석이 "아빠!" 하고 부르더니 아장거리며 내게 달려와서 안겼다. 아이를 덥석 안는 순간 눈물이 핑 돌았다. 나는 아이를 껴안고 마음으로 이렇게 다짐했다.

'하나님, 어떤 일이 있어도 이 아이 보기에 부끄러운 짓은 하지 않겠습니다. 그리고 아들아, 아무리 다급하고 어려운 일이 있더라도 네게 부끄러운 아빠가 되진 않을게...'

집에서 잠시 쉬고 다시 마석으로 달려갔다. 마석에서는 교단 내 전국 청소년 수련회가 시작된 이래로 최대 규모의 수련회가 열리고 있었다. 관계자들이 이변이라고 말할 정도로 많은 인원이 참가했다. 천 명 정도 수용할 수 있는 수련회장에 2천여 명 가까운 학생들이 모여들었다. 한겨울에 비는 추적추

적 내리는데 식당이 좁아 배식을 기다리는 줄이 식당 밖을 삐져 나와 언덕 위까지 이어진 행렬을 보고 있노라니 다시 눈물이 핑 돌았다.

'나는 10년 동안 저 아이들에게 바르게 살아라, 하나님은 살아 계신다, 정도를 걸어라, 이렇게 설교하지 않았는가! 내가 이 아이들에게 부끄러운 목사는 되지 말아야지.'

답답한 마음에 그 목사님 만난 이야기를 수련회에 오신 교단의 어른들께 상의드렸다. 그랬더니 열 분이면 열 분 다 이렇게 말씀하셨다.

"만약 오십 가구 혹은 백 가구가 모여 사는 주택가에 이미 어떤 교회가 있는데 다른 교회가 들어간다면 생각해 볼 문제네. 하지만 분당이나 일산 같은 신도시에 상가 말고는 교회를 세울 수 있는 곳이 마땅히 없지 않은가? 그렇다면 서로 이해하고 양보해야 하지 않겠나. 그리고 반대하는 그 목사님조차도 이미 누군가 교회를 세운 지역에 들어온 것 아닌가? 그 문제에 너무 마음을 쓰지 말게나. 시간이 지나면 다 양해될 일이네."

믿음으로 택한 명분

저녁 집회를 마치고 다시 집으로 돌아왔다. 컴퓨터를 켰더니 그 목사님이 보내신 메일이 와 있었다.

역시 허락할 수 없다는 말씀이었다.

머리 속은 온통 다음날 아침까지 내려야 할 결정에 대한 고민으로 꽉 차 있었다. 사랑의교회로부터는 임대금 일체를 받아 놓은 상태였고, 잔금 치르는 일은 미뤄 놨지만 공인중개사 쪽에서는 계약 위반이라며 볼멘소리를 하고, 게다가 더 심각한 것은 인테리어 업자들이 날 밝는 대로 공사에 들어가는 것으로 알고 있으니 이 사태를 어찌 수습할지 답이 보이질 않았다. 그렇게 답답하고 불안한 밤이 지나고 새벽녘이 밝아오고 있었다.

잠을 설쳐 푸석푸석한 얼굴로 일어나 자리에 앉는데 갑자기 머리 속에 두

명의 성경인물이 스쳤다. 한 명은 에서였다. 잘 알다시피 에서는 팥죽 한 그릇에 장자의 명분을 팔아버렸다. 에서는 장자 명분을 팔면서,

"내가 지금 굶어 죽게 됐는데 이깟 장자 명분이 무슨 소용이야!" 하고 바보 같은 말을 내뱉었다.

굶어 죽게 되었다고? 아니다. 사람은 밥 한 끼 굶는다고 절대 죽지 않는다. 그런데도 그는 배가 고프다는 현실을 지나치게 과장하고 왜곡하며 어처구니 없는 거래를 하고 만다. 그 에서의 모습에 순간 내가 보였다. 무엇을 이리도 두려워하는가, 그 건물을 놓치면 이 넓은 분당에서 내가 목회를 못한다는 말인가? 내 눈에 꽉 박혀 있는 그 건물에 대한 집착, 그곳이 아니면 난 개척이고 뭐고 할 수 없다, 이렇게 호들갑을 떨며 요동하는 마음, 이것이 에서의 마음, 에서의 태도가 아니고 무엇인가. 나의 지나친 현실 왜곡과 과장 해석이 에서와 다름없었다.

두 번째 떠오른 인물은 이삭이었다. 우물을 파 놓으면 주변에서 시비를 걸고, 시비를 걸어 오면 아무 조건 없이 줘버리고 다른 데 가서 우물을 파고, 또 시비를 걸면 줘버리고 다른 데 가서 우물을 파고... 이게 이삭의 일생이었다. 이 두 사람의 상반된 자세가 머리 속에 번갈아가며 스쳤다.

너무나 놀랍고 신기했던 것은, 하루 온 종일 마음을 추스릴 수 없어 괴로워하고 또 잠을 이루지 못할 정도로 집착했던 문제를 그 한 순간 내려놓을 수 있었던 것이었다. 어떻게 해서든지 그 목사님을 설득해 보겠다는 생각이 말

끔히 사라졌다.

'그래, 양보해 주자. 얼마나 상처가 많으시면 목사 말을 안 믿는다고 하실까! 얼마나 답답하고 힘들었으면 무례하다 싶을 정도로 강요를 하시겠나!'

그 날 오후에 그 목사님께 전화를 드렸다.

"한 가지 확실한 것은 목사님께서 허락하지 않으시면 그 장소에 절대 들어가지 않는다는 사실입니다. 조금도 염려하지 마십시오. 그리고 제 마음에 조금도 서운한 마음이 없으니 그 점 또한 걱정하지 않으셔도 됩니다."

그리고 나서 그 장소를 깨끗이 포기했다. 나는 그 일로 천만 원 가까이 손해를 봤다. 인테리어 업자에게도 백배 사죄하고 공사를 취소시켰다. 하지만 마음만은 날아갈 듯이 가벼웠고 당당했다.

산에 천막이라도 칠까요

　　　　　　나야 마음의 짐을 훌훌 털고 문제를 해결했지만 숙제는 또 남아 있었다. 나와 함께 교회 개척을 결심한 30여 명의 교우들을 비상소집 했다. 일단 이메일을 보내 모임 날짜를 알렸다. 사람들이 다 모인 자리에서 임대하려던 장소를 포기했다는 사실을 알리고, 에서와 이삭을 묵상할 때 두려움 때문에 현실을 지나치게 과장했던 나의 불신앙의 과오를 털어놓았다. 아울러 분당에서 마땅한 예배 처소를 찾기 어려우면 우리 집에서 모이자는 제안까지 덧붙였다. 30명이 모이기에 너무 좁다면, 사랑의교회로 돌아가실 분들은 돌아가도 좋다고 잘라 말했다.

　분위기는 찬물을 끼얹은 듯 조용하고 냉랭했다. 개척을 준비하던 멤버들이 갑자기 폭탄선언 같은 내 결정에 당황하는 것도 무리는 아니었다. 옥신각신 설왕설래하다가 한 집사님이 가시 돋친 한마디를 툭 던졌다.

"목사님, 이것 저것 다 양보하고 따져서 교회가 없는 곳을 찾자면 산밖에는 없을 것입니다!"

순간 공기가 싸늘해졌다. 그 집사님의 상한 심정을 이해 못하는 것은 아니었다. 다들 잘해 보자, 바른 길을 찾아보자는 출발점은 같았다. 다만 그 방법을 찾고 이견을 좁히는 데에는 시간이 필요했다. 토론이 더 길어졌다. 갑론을박 긴긴 대화 끝에 개척준비 멤버들은 내 우직한 고집을 믿어주었다. 인근 교회에 전혀 폐가 되지 않는 다른 예배 처소를 찾는 것으로 결론을 맺고 나니 모두 지칠대로 지쳐 맥이 다 풀릴 지경이었다.

"힘이 더 들더라도 어쩔 수 없습니다. 여러분의 심정을 제가 몰라서 그러는 것은 더더욱 아닙니다. 힘들더라도, 돌아가더라도 이 방법밖에는 없었습니다. 부족한 저를 믿고 따라주셔서 정말 고맙습니다. 이제부터 갈 길이 멉니다…"

다 좋은 일, 선한 일을 하기 위해 모였지만, 바른 동기에서 시작한 일이라고 반드시 순탄할 수는 없다는 것을 정말 뼈저리게 실감한 시간이었다. 나중에 나온 교회 소식지 창간호에 집사님 한 분이 당시의 심정을 이렇게 피력했다.

"…나는 몇 날 밤을 뒤척인 끝에야 겨우 마음을 억누르고 이 목사님의 결정을 받아들일 수 있었다."

계약하려던 건물 임대를 포기하고 다시 시작하는 마음으로 두 번째 장소를 물색하러 다녔다. 추운 겨울 바람을 맞으며 이른 아침부터 저녁 늦게까지 장소를 찾아 이곳 저곳을 기웃거렸다. 적절한 장소가 나오지 않아 순간 순간 좌절했지만 결국 또다시 좋은 공간을 발견했다. '하나님께서 이렇게 좋은 곳을 주시려고 이전의 그 건물을 포기하게 하셨나보다.' 이렇게 기뻐하면서 계약을 결정했다.

  계약을 하려고 통장과 도장을 들고 나가다가 앞의 일이 생각나서 먼저 인근 교회에 허락을 구했다. 사실 지난번에도 이런 시도를 전혀 안 한 것은 아니었다. 주변 몇몇 교회를 찾아가 인사를 드리고 허락을 받았었다. 절대로 못 들어온다고 거부한 분은 미리 찾아가지 못했던 교회의 목사님이었다. 이런 경험이 있는 터라 인근 교회를 찾아가 허락을 구했다. 이번에도 노골적으로 반대하는 것은 아니지만 내가 그 지역으로 들어가는 것에 대해 상당한 부담감을 드러냈다. 한 젊은 목사님은 힘들어하는 기색이 역력했다. 게다가 상가 번영회마저 교회가 들어오는 것을 반대하고 나섰다.

  또 고민이 시작되었다. 똑같은 상황이 재현된 것이다. 막막한 마음을 가지고 고민하다가 다시 결단했다. 그 공간도 포기하기로... 첫 번째 장소를 포기한 이후, 하나님께서 주신 공간이라는 확신 속에 계약하려 했던 두 번째 공간... 그곳 역시 포기하고 돌아서는 발길이 그렇게 무거울 수가 없었.

  '아, 정말... 사면초가란 이런 경우를 두고 한 말이겠지. 이제 정말 어디로 가야 하나...'

미션스쿨을 찾아라

　　　　　　두 번째 포기를 하고 나니 정말 눈앞이 캄캄하고 아무것도 보이지 않았다. 개척 멤버들의 낙심도 이만저만이 아니었고 나 또한 그들을 볼 낯이 없었다. 바른 원칙을 정하는 일은 정말이지 그 원칙을 지키는 것에 비하면 일도 아니란 생각이 들었다. 사랑의교회를 떠나기로 이미 공고는 나갔고 개척 시한도 채 한 달이 안 남은 상태였다. 답답한 심정으로 분당을 다 헤집고 다녔다. 하루에 공인중개사 사무실을 삼사십 군데는 족히 방문했을 거다. 그렇게 발품을 판 보람도 없이 적당한 공간은 좀처럼 나타나지 않았다. 그 때 문득 이런 생각이 스쳤다. 학교 강당을 찾아보면 어떨까?

　'H여상의 강당을 빌릴 요량이었다면 분당에도 미션스쿨이 있을 게 아닌가? 미션스쿨을 찾아보자!'

　마침 분당에는 K고교와 송림 중고등학교라는 미션스쿨이 있었다. 먼저 K고교를 찾아가 예배 장소로 강당을 빌릴 수 있겠느냐고 물었더니 어렵다고 했다. 남은 데라곤 송림 중고등학교밖에 없으니 다른 선택이 있을 수 없었다.

114에 물어 행정실에 전화를 했다. 하지만 이런 엇비슷한 요청이 많았던지 책임자와 연결도 잘 안 되고 시원한 대답도 들을 수 없었다. 내심 '그러면 그렇지. 학교 강당을 나 같은 사람에게 왜 빌려주겠나. 여기도 아닌가 보다' 하고 포기를 했다.

또다시 오리무중에 빠져 낙심하고 있던 어느 월요일 오전이었다. 사랑의교회에서 청소년부를 담당할 때 교사였던 권사님 한 분에게서 전화가 왔다.
"목사님, 송림 중고등학교 강당을 빌리려고 하셨다면서요? 그렇다면 저한테 의논을 하셨어야지요."
"아이구, 권사님. 말씀도 마세요. 제가 어떻게 말이라도 붙여보려고 했는데 턱도 없던 걸요."
"목사님, 제가 송림 중고등학교 개교하던 해부터 교편을 잡았잖아요."
게다가 권사님의 제자가 마침 강당을 비롯한 모든 학교 시설을 관리하는 총책임자인 행정실장이라는 것이었다.
"쇠뿔도 단김에 빼라고 했습니다. 당장 오늘 점심 때 만나러 가시죠."

그 시간에 벌어진 일

정말 단언하건데 그냥 한번 가본 것이었다. 단 1퍼센트의 기대도 없었다. 전화를 여러 번 했는데 연결도 잘 안 됐고, 나 같은 사람에게 그런 강당이 주어진다는 게 도무지 그림이 그려지지 않았다. 그저 권사님의 성의를 생각해 한번 만나보기나 하자 그런 심정이었다. 권사님의 주선으로 우선 행정실장과 만나 인사를 나누고는 곧장 건물 소개를 받았다.

그런데 막상 건물 구경을 하다 보니 숨이 막혀 왔다.

'이렇게 좋은 곳이었다니...'

정말 멋진 공간이었다. 너무 좋은 공간이라 오히려 욕심을 부리기가 겁이 났다. 설마 내 차지가 될까 하는 자격지심이었다. 이런 생각으로 건물을 돌아보다 식사시간이 되었다. 점심이나 먹고 헤어져야겠다는 생각에 그분들과 다시 마주 앉았다. 그 때 동석했던 권사님의 제자라는 실장님이 내게 말을 건넸다.

"목사님, 저는 목사님을 잘 압니다."

"예? 실장님이 어떻게 저를…?"

"하하, 언젠가 제가 출석하는 교회의 노회 연합회에서 교사 강습회를 했는데 그 때 강사로 오셨더군요."

"아, 그러셨어요?"

"목사님, 제가 그 때 말씀 듣고 엄청 도전받았더랬습니다."

송림 중고등학교는 학교를 지어 이전하면서 거의 최고 수준의 예배 시설을 완비하고 있었다. 교회에서 볼 수 있는 장의자가 구비됐고, 액정 비전은 물론, 심지어 당회장실까지도 이미 붙박이로 다 꾸며놓았다. 처음에 의도하기는 학교재단이 교회를 개척해서 운영하려고 했는데, 내부 사정으로 원래의 계획을 유보한 상태였다. 유보 결정이 내려진 지 한 달쯤 되었다니까 내가 적절한 시기에 강당 사용을 신청하게 된 것이다. 그 실장님은 내가 세우고자 하는 젊은 교회에 관한 계획을 다 듣고 전향적으로 검토해 보자는 답을 주셨다.

그런데 실장님과 이런 얘기가 오가고 있는 동안 동석해 있던 행정실 실무 담당자가 고개를 갸우뚱하더니 재미있다는 표정으로 말문을 열었다.

"그렇지 않아도 한 달 전쯤부터 실장님이 저희 직원들에게 몇 번이나 이런 말씀을 하셨거든요. '이찬수 목사님 같은 분이 여기에 와서 목회를 하면 잘할 텐데... 이찬수 목사님 같은 분이 여기에 와서 목회를 하면 잘할 텐데...' 이러셨어요. 근데 이렇게..."

이 말을 듣는 순간 나는 숨이 멎는 것 같았다. 한 달 전이라면 지난번 상가 건물로 들어가려다가 한 목사님의 반대를 받고 강행하느냐 마느냐로 갈등하던 바로 그 때가 아닌가! 그러면서 섬광처럼 스치는 생각...

'그 상가 건물에서의 일들은 하나님의 테스트였구나!'

갑자기 가슴 밑바닥에서부터 흥분이 일어나기 시작했다.

'이 학교 강당, 하나님이 나한테 주신 거다!'

피 마르던 넉 달

전향적으로 검토하겠다는 언질을 받고 집에 돌아온 나는 전 개척 멤버들에게 비상 메일을 보냈다.

'지금부터 우리는 하루 한 끼씩 금식합니다. 이 학교 강당을 우리에게 주신 것으로 믿고 기도합시다.'

이 날 이후로는 하루 종일 삼삼한 학교 강당이 눈앞에 아른아른거렸다.

'내가 지난번 건물에 인테리어 하라고 작업 지시를 했다면 송림학교라는 이름은 영영 들을 기회가 없었을 거다. 정도를 걷겠다고 결심한 내게 하나님이 주신 선물이 아니고 무엇이랴!'

이런 확신에 찬 나는 강당 사용 허락이 떨어질 날이 오늘일까 내일일까 기린 목이 되어 전화 오기만을 기다렸다. 휴대폰을 손에 꼭 쥐고 다니면서 벨만 울리면 송림학교가 아닐까 하는 기대뿐이었다. 그렇게 노심초사 기다리는 날이 하루 이틀 사흘이 지나도 소식이 없었다. 송림학교의 강당 사용 허가가 결정된 것은 무려 넉 달 후의 일이었다. 이제 와서 고백하지만, 결정이 넉 달 뒤에 날 줄 알았으면 금식기도를 안 했을 것이다.

  학교 측에서도 그만한 사정이 있었겠지만 처벌을 기다리듯 목을 메고 있는 우리 입장에서는 정말 피를 말리는 일이었다. 하도 답답해서 전화를 하면 여러 가지 고려 사항이 많아 결정이 늦어진다, 너무 조급해 말고 기다려 달라는 말뿐이었다. 다시 슬슬 불안감이 고개를 쳐들었다. 개척 시한은 임박했고 멤버들도 지쳐가는 듯했다.

  이 와중에 정말 희한하게도 분당에 있는 어떤 대안학교를 소개받게 되었다. 그 학교는 주중에는 수업이 있고 새벽에는 모 교회의 새벽기도회를 실황으로 중계받아 기도회로 모이는 장소로 쓰였다. 따라서 주중에는 전혀 여지가 없고 주일만, 그것도 한 달 정도만 빌릴 수 있게 됐다. 그 대안학교를 빌릴 수 있었던 것도, 내가 청소년 사역을 하고 책 몇 권을 내면서 청소년 사역자로 알려진 프리미엄 덕분이었다.

  3월 첫 주, 독수리 학교라는 대안학교에서 드디어 창립예배를 드렸다.

  첫 예배 때 신기한 일이 일어났다. 예배 공간으로 사용한 장소에는 135석의 자리가 있었다. 창립예배를 드리던 날 모두 129명의 교인이 예배를 드렸다. 몇 개의 의자 위에 OHP 등 집기를 놓고 나니까 놓여진 의자가 거의 다 채워졌다. 미리 올 성도 수를 정확히 알고 그 규모에 맞추어서 예배 장소를 찾아도 이럴 수는 없는 일이었다.

게다가 독수리 학교는 대여섯 동으로 이루어져 있었는데 각 건물에 유아, 유치부, 초등학교부, 중고등부, 식당을 배치하니 딱 맞아떨어졌다. 모든 사람의 입에서 "이것은 정말 '여호와 이레'(하나님이 준비하심)다!" 하는 탄성이 쏟아져 나왔다.

사람을 엮어 일하시는 하나님

독수리 학교와 약속한 한 달은 훌쩍 지나갔다. 감사하게도 학교 측의 배려로 한 달을 더 머물 수 있었다. 그러나 그 한 달의 말미도 점점 끝이 가까운데 송림학교에서는 전혀 연락이 오지 않았다. 송림학교에서는 기다리라고만 하고 독수리 학교는 무한정 빌려 쓸 수 없는, 그야말로 빼도 박도 못하는 난감한 상황이었다. 바로 그 때 또 한 통의 전화가 걸려왔다. 전화를 건 주인공은 사랑의교회 중등부 담당 교역자 시절, 교사를 맡으셨던 집사님이셨다.

"목사님, 송림 중고등학교 강당을 빌리려고 하신다면서요?"

"예, 그런데 그걸 어떻게 아셨어요?"

"들어서 알았죠. 그런데 목사님, 송림학교 이사장님은 제가 사업 관계상 잘 아는 분이세요. 그분을 도우시는 사장님도 잘 알고요. 제가 목사님께 도움이 되어드릴 일이 없을까요?"

어쩌면 이렇게 송림학교 주변으로 얽히고 설킨 인연이 많은지... 일각이 여

삼추인 내 마음 같아서는 집사님의 수고를 받고 싶었지만 행정실을 통해 요청을 한 터라 여기 저기 청탁을 넣는 듯한 인상을 주면 안 될 것 같은 생각이 들었다.

"집사님, 감사합니다만 괜찮습니다. 지금 행정 실장님이 백방으로 애쓰고 계십니다. 그저 기도만 해주십시오."

그러나 시간은 계속 흘러갔고 독수리 학교와 약속한 한 달이 막바지에 이르렀다. 도저히 가만히 앉아 있을 수 없었다. 하는 수 없이 일전에 전화 주신 집사님께 전화를 걸었다. 저쪽에 촐싹맞아 보이지 않는다면 도움을 좀 받고 싶다고 사정을 말했다. 이미 일을 시작해서 수고하시는 분들을 무색하게 만들지 않을 지혜로운 방법이 있다면 알아봐 달라고 부탁했다. 집사님은 빨리 움직이셨다.

그 목사가 바로 그 목삽니다

집사님의 말씀을 듣노라니 마치 한 편의 잘 연출된 드라마를 보는 것 같았다. 집사님은 교류가 있는 그 사장님에게 전화를 해서 "교회를 개척하려는 젊은 목사가 있는데 송림학교 강당을 빌리려고 합니다. 사장님이 나서서 도와주시면 좋겠습니다."라고 하셨다. 그랬더니 그렇지 않아도 어떤 젊은 목사가 교회를 개척한다며 강당 사용을 요청한 것을 사장님과 이사장님이 보류시켜 놓았다고 하셨다. 그러면서 그 사장님은 난데없이 이런 말씀을 하셨다.

"집사님, 사랑의교회에 그 왜 이찬수 목사님이라고 계시잖습니까? 청소년 사역하시는 분 말입니다. 바로 그런 분이 이런 자리에 개척을 하면 참 좋을 텐데요."

그러자 집사님은 화들짝 놀라기도 했고 반갑기도 해서 얼른 말씀하셨다.

"지금 제가 추천하는 분이 바로 이찬수 목사입니다."

그러자 사장님이 단박에 약속을 주시더란다.

"그래요? 이찬수 목사라면 제가 애를 써보겠습니다!"

사장님은 이사장님에게 전화를 하셨다. 이찬수 목사라고 청소년 사역을 오래한 젊은 목사가 여차여차해서 교회를 개척하려는데 송림학교 강당을 빌리고 싶어하니 빌려주는 것이 여러 모로 좋겠다고 하셨다. 이사장님은 곧 행정실장에게 확인을 하셨다.

"이찬수 목사라는 사람이 우리 학교 강당을 빌려 교회를 개척하려고 한다는데 어떻게 생각합니까?"

"이사장님, 제가 일전에 올린 강당 사용 요청 결재안의 당사자가 바로 이찬수 목사입니다."

더 긴 말이 필요 없었다. 그 자리에서 이사장님의 사용 승인이 떨어졌다.

절묘한 타임 세팅

　　　　　　　며칠이 지났고 드디어 전화가 왔다. 잘될 것 같다는 것이었다. 나중에 알게 된 사실이지만 며칠만 늦었다면 아마 기회를 잃었을 것이다. 그 강당을 얻으려고 주변 교회를 비롯, 분당에 있는 아주 유수한 교회들이 많이 접촉한 상태였다. 더욱이 어떤 한 교회에게는 사용 허락을 내리기 일보 직전이었다는 것이다. 그 교회의 유력한 장로님 한 분이 이사장님께 부탁을 해서 마음이 많이 기울어진 상태였다는 것이다. 심지어 며칠 후에 그 교회와 강당 사용에 관한 정식 계약을 맺을 마음까지 있었다고 했다. 바로 그 틈새로 하나님께서 역사해 주신 것이다.

　사실 나는 중간에 큰 사고를 하나 쳤다. 송림학교 행정 실장님을 만나고 나서 하나님께서 이 공간을 허락하시리라는 확신이 들어 학교 근처에 사무실 하나를 덜컥 세 낸 것이다. 강당에서는 예배만 드리게 되니까 어차피 사무 공간은 필요하다는 심산에서였다. 그런데 사무실을 계약해서 계약금, 중도금을 치르기까지 강당 사용 결정이 나지 않았다. 학교 측에서는 아직 확정을 못한 상태이니 사무실은 좀 천천히 구하면 어떻겠느냐고 만류하는 눈치였지만 나는 강행했다. 놀라운 것은 송림학교에서 강당 사용을 허락한다는 통보를, 송림학교 강당은 하나님께서 우리 교회에 주신 것으로 믿고 무작정 계약한 학교 근처 사무실의 잔금을 치르기 위해 사무실로 향하는 통로를 꺾어 들어가는 순간에 받았다는 사실이다.

처음에 정자동으로 가기 위해 은행에 번호표를 낼 때부터 시작해서 독수리학교에서 보낸 두 달, 그리고 타 교회와 계약하기 직전에 떨어진 강당 사용 허가에 이르기까지… 이것은 정말 한 편의 드라마였다. 지금도 그 때 일을 생각만 하면 가슴이 뜨거워진다. 눈시울이 붉어진다. '어떻게 이런 일이 가능하다는 말인가?' 성사될 확률이 1%도 없었던 일이 기적처럼 일어난 것이다.

그렇게 정성을 들여서 아름답게 만든 학교 예배실을 누군지 전혀 모르는, 한 번도 만나본 적이 없는 젊은 초보 목사에게 선뜻 내어주신 이사장님의 배려도 상식적으로는 이해가 안 되는 결정이었다. 그렇지 않아도 일복이 타고난 것처럼 바쁘신 고 사장님이나 행정 실장님께서 생면부지의 나를 그렇게 열심히 선전해 주시며 수고해 주셨던 것도 인간적으로는 이해할 수 없는 일이었다. 그래서 이렇게 고백할 수밖에 없었다. "전적인 하나님의 은혜였습니다."

이런 우여곡절 끝에 송림학교로 들어가게 됐다. 두 달 동안 135석의 공간에서 예배드리다가 4월 말에 강당을 사용하게 됐다. 여기에도 하나님의 손길이 개입되었다. 모든 창립 멤버들이 이구동성으로 입을 모았다. 700석이

나 되는 이 큰 강당에 처음부터 와 예배를 드렸다면 오히려 황량하게 느껴졌을 것이다. 음향도 안 잡히고 소리도 울렸을 것이다. 독수리 학교에서 보낸 두 달 간 교인들의 교제도 깊어졌다. 그새 성도 수도 180여 명으로 늘었다. 송림학교로 곧장 오지 않은 게 오히려 하나님의 배려였고, 그래서 감사했다.

 나는 두 가지를 깨달았다. 하나님이 주신 비전에는 두 가지 통과 장치가 있다. 하나는 자기 욕심을 채우기 위해 무리수를 쓰거나 억지를 부리지 않는 것이요, 또 하나는 기다림의 테스트다. 그 좋은 강당을 주실 것 같으면 그 다음 날 주시지 왜 무려 4개월 가까운 기간을 마음 졸이게 하셨을까?

 깨닫고 보니 바로 그 시간이 기도와 숙성의 기간이었다. 개척의 목적을 되짚어 보고 교회의 사명을 재차 붙드는 시간이 된 것이다. 이 모든 과정을 통해서 교회 개척이 철저하게 하나님의 일임을 알게 하셨다. 이렇게 해서 송림학교 강당 시대가 열렸다.

기도회와 자유토론 / 네 가지 목표 / 다음 세대에 투자하라 / 교회 속 실탕이 아니라 세상 속 소금이 되는 교회 / 명답자들의 마음을 데워라 / 기다려주는 장로들 / 창립 멤버가 먼저 희생하세요 / 장로, 포기하세요 / 초심의 약속 / 팀워크로 세우는 교회 / 손발이 척척 맞는 평신도들 / 커피 향기 그윽한 성기의 교회 / 쉽게 다가간다 / 한 새중년의 자역

>>> 둘째 마당
한 우리, 너나없는 우리

# 기도회와 자유토론

개척 사실을 알고 개척에 동참하기로 마음을 굳힌 30여 분의 동역자들과 함께 준비 기도로 토요일과 주일 저녁, 이렇게 이틀 모이기로 했다. 토요일 저녁 준비 모임은 기도회, 주일 모임은 전략적인 접근을 위한 토론회였다. 기도회는 내가 인도했지만 교회의 사명, 목적에 대해서는 30여 분의 개척 멤버들이 모여서 자유토론을 통해 결론이 도출되도록 했다. 지금까지 교회 개척 패러다임은 개척을 오랫동안 준비한 탁월한 한 사람의 교역자의 꿈과 이상을 여러 평신도 지도자들이 보필하는 형식이었다. 그러나 나는 출발부터 평신도들의 꿈과 이상이 반영되는 교회를 세우길 원했다.

그래서 한 집사님이 사회를 보고 여러 참석자들이 주제들을 놓고 토의를 했다. 첫 모임에서 '왜 이 수많은 교회 중에 또 다른 교회 개척이 필요한가?'를 놓고 열띤 토론을 벌인 것을 비롯, 꿈꾸는 교회에 대해 하나씩 다듬어가기 시작했다. 아울러 교회가 들어설 환경 분석도 빠뜨리지 않았다. '우리가 개척하게 된 분당 지역은 어떤 곳인가? 지역 주민들의 특성은 무엇인가? 그들의 갈증과 필요는 무엇인가? 기존 교회들은 이 갈증과 요구를 어떻게 채워주고 있는가? 분당 지역에 전통적인 교회로써 부흥하는 교회, 새로운 패러다임으로 부흥하는 교회, 이렇게 두 갈래의 교회가 있다면 우리는 어떻게 이들을 도울 것인가?' 이런 문제들을 자유토론하면서 좋은 논의와 아이디어가 나왔다.

우리는 이 모임을 통해 교회의 정체성에 관한 네 가지 목표를 세우게 됐다. 이 네 가지 목표를 주보에 새겨 놓았다.

첫째, 예배의 감격이 있는 교회
둘째, 가정을 회복시키는 교회
셋째, 젊은이들을 깨우는 교회
넷째, 세상을 변화시키는 교회

예배의 감격이 있는 교회에서 가정이 회복되고 다음 세대에게 꿈을 심어주며, 지역 사회를 섬기는 교회가 될 것이라는 꿈과 목적의식을 공유하게 된 것이다.

네 가지 목표

예배의 감격이 있는 교회가 되기 위해 틀에 박혀 있는, 자극을 주지 못하는 관습과 타성을 깨려고 고민해 왔고, 지금도, 아니 앞으로도 많은 힘을 쏟을 것이다. 가정 회복을 위해 우리가 기울이는 노력은 내가 봐도 눈물겹다. 우리는 한 달에 한 번씩 가족 예배를 드렸다. 초창기에는 의도적으로 가장들을 많이 세워줬다. 어떤 때는 예배 도중에 가장들을 일으켜 세워 축복했다. 미리 준비한 장미꽃을 모든 가장들에게 한 송이씩 선사했다. 이런 작은 성의에도 눈시울을 붉히는 가장들이 제법 많았다. 이 시대를 살아가는 힘든 가장들에게 작은 위로라도 건네길 원했다.

주일 저녁에는 교회에서 드리는 예배 대신에 가정에서 가족 예배를 드리도록 유도했다. 주보에 주일 저녁에 가정 예배를 드릴 수 있도록 안내지를 따로 배포했다. 각 가정에서 가장이 예배를 인도하도록 도운 것이다. 주일 저녁 예배를 가족 예배로 드리는 것은 사랑의교회 정신을 이어받은 것이기도 한데, 적어도 주일에 하루 종일 교회 일을 하고 섬긴다는 명분 때문에 가정이 소홀

히 여겨지는 모순은 막아야겠다는 생각에서 내린 용단이었다. 또 전문가를 모셔서 부부 생활 세미나 같은 것을 개최하는 식으로 건강한 가정 세우기에 힘썼다.

그리고 내가 생각해도 잘했다 싶은 결단을 개척 초기에 했었다.

보통 개척하면, 먼저 청장년 쪽에 힘을 쓰고 자리가 잡히면 교회학교를 세우는 게 순서였지만 나는 그렇게 생각하지 않았다. 개척 첫 예배부터 유아, 유치부부터 중고등부, 청년, 대학부를 함께 시작한 것이다.

지금이야 장년이 1,300여 명 정도 모이니까 당연히 2세 교육을 위한 부서 사역자를 둘 수 있지만 앞으로 어떻게 될지 전혀 알 수 없는 개척 초기에는 그 결단이 쉽지 않았다.

하지만 '내가 사례비를 못 받는 한이 있어도 교육하는 일에는 먼저 쓴다' 는 것이 내 각오였다. 그래서 첫 출발부터 무려 다섯 명이나 되는 교육 전도사를 영입했다.

하나님 앞에서 다음 세대를 키우고 세우는 일에 우선순위를 잃으면 정말 면목이 안 서는 일이라 여겨졌기 때문이다. 그들은 내가 청소년 사역을 할 때 같이 일하던 신학생들로서 사례비를 안 받을 각오를 하고 나를 믿고 따라와

준 이들이다. 출발할 때부터 얼마 안 되는 사례비를 약속할 수밖에 없었지만 그들에게 교육에 전념할 것을 당부했다.

감사하게도 처음부터 유아, 유치부에서 대학부까지 교육할 수 있는 공간이 따로 확보된 것이 너무나 좋은 터전이 되었다. 그런 밑거름이 있었기에 지금의 교회학교가 제대로 자리를 잡을 수 있었고 교회교육의 중요성을 인식한 부모들에게 미더움을 주어 자녀들의 손을 붙잡고 우리교회로 찾아오는 일들이 생겨나게 되었다.

# 다음 세대에 투자하라

새 살림을 시작한 교회가 다 그러하겠지만 우리교회도 빠듯한 재정에 쪼들리는 형편은 남다르지 않았다. 그럼에도 우선적으로 교회학교 교육 전담 사역자를 확보했고, 중등부, 고등부, 청년부 교역자들에게만큼은 가능한 최대한의 지원을 아끼지 않았다. 먼저 중고등부 사역자들에게 방문 지도를 위한 활동비 20만 원을 지급했다. 어느 날 지나가다 고등부 전담 전도사가 아이들 앞에서 하는 이야기를 듣고 흐뭇한 적이 있었다.

"여러분, 나를 만나 주세요. 맛있는 거 사드리겠습니다. 좋은 영화도 보여 드립니다. 나, 돈 많습니다. 이 돈, 여러분을 위해 다 써야 합니다!"

또 한 가지 우리교회에 좋은 전통처럼 자리 잡은 것이 있다면 어린아이들을 축복해 주는 것이다. 처음부터 매번 드리는 가족 예배 때 유아 세례를 베풀기

둘째 마당_한 우리, 너나없는 우리 · 67

로 했다. 세례문답을 하고 아기를 안고 강당으로 올라오면 세례를 베푼다. 그리고 아이에게 축복하고 싶은 교인은 누구나 단 위로 올라오라고 청한다. 꽃다발을 들고 올라와서 축복하고 다함께 노래도 불러준다. 이어지는 순서는 아기의 아빠가 직접 아기를 위해 축복 기도를 하는 시간이다. 사실 목사가 해야겠지만 아기에 대해서 아직 잘 모를 뿐더러 부모가 어떤 소원을 갖고 아기를 키우고자 하는지는 부모의 몫이니까 한 주일 동안 아기를 생각하면서 하나님 앞에 드리고 싶은 기도문을 정성껏 작성해서 기도하라고 한다.

 교회를 개척하고 처음으로 맞은 유아 세례식 때 한 아빠가 아기를 위해 작성해 온 축복 기도문을 읽다가 나는 울고 말았다. 이 모습을 본 온 교인들이 함께 우는 바람에 강당이 울음바다가 됐다. 그 이후로 유아 세례를 행할 때마다 눈물바람이 일지 않은 적이 없을 정도로 감격스러운 시간이 지금까지 이어지고 있다.

 그리고 아기가 태어나서 교회에 첫 나들이 할 때에도 아기와 그 부모를 단

위로 초대한다. 미디어 담당 사역자들이 미리 준비한 아기 사진을 빔 프로젝터로 보여 주면서 모든 성도들이 교회에 첫 나들이 한 아기를 축복하고 그의 미래를 위해 뜨겁게 기도해 준다.

새 생명, 우리의 유일한 미래인 아이들이 세상을 향해 건강한 걸음을 내딛을 수 있도록 어른들이 할 수 있는 일은 무엇일까? 우리가 행하는 일들은 작은 이벤트에 불과하지만 저들을 향한 우리의 마음, 간절한 바람은 아이들이 자라고 커가는 동안 길을 내고 밝혀주는 등불 같은 몸짓이 되었으면 하는 것이다.

교회 속 설탕이 아니라
세상 속 소금이 되는 교회

세상을 변화시키는 교회는 세상 속에서 오히려 묵묵함을 지키며 섬기는 교회라고 생각하며 살았다. 사실 교회가 구제와 선교에 힘쓰는 것은 어디에 드러낼 만한 일도 아니다. 아직은 새로 시작한 교회이기에 여러 가지 정비해야 할 것 때문에 실천하지 못하고 있지만 한 가지 결심한 것이 있었다.

뿌리에 물을 주는 일이라고 할 수 있는 교육하는 일과, 구제와 선교를 위해 재정의 40%를 확보해야겠다는 것이었다. 누구도 이런 생각에 반기를 들지 않았다.

선교와 구제가 세상을 변화시키는 묵묵한 외적 섬김이라면 평범한 일상을 살면서도 비범한 크리스천의 삶을 살아내는 것이 세상을 변화시키는 우리의 몫이란 생각이 들었다. 나는 세상 속에서 뼈대를 이루고 조직을 이끌어가는 교회 내 리더들, 그 중에서도 하나의 그룹으로 묶을 수 있는 남성 성도들을 위한 깨우침의 시간을 가져보리라 마음먹었다. 나 또한 이 땅을 사는 남성의 하나고 함께 어깨를 의지하며 세워갈 동지들과 규칙적인 만남의 장이 필요하다는 생각이 들었다. 그 장이 바로 새벽기도회였다. 초창기에는 남성 성도들이 참여하기 좋게 5시 30분에 예배를 시작했고 마치고 나면 매일 토스트, 시리얼, 바나나, 우유 등의 간단한 아침을 제공했다. 남성 가장들이 출근 복장으로 와서 아침 일찍 기도하고 식사를 마치면 곧바로 일터로 갈 수 있도록 한 배려였다. 이른 새벽, 마음과 생각을 말씀으로 깨우고 나누고 무장하고 뱃속까지 채워 일터로 향하는 이들의 뒷모습이 그렇게 멋있고 든든할 수 없었다. 저들과 함께라면 무엇인들 못하랴...

이 새벽기도 정신을 살려 2003년 가을에는 전 교인 40일 새벽부흥회를 실시했다.

수많은 남성 성도들이 새벽에 나와 출근하기 전에 국가와 민족을 위한 기도로 하루를 시작하는 일이 얼마나 신나는 일인가?

이 새벽부흥회를 통해 놀라운 간증들이 쏟아져 나왔다. 어떤 성도는 새벽기도를 마치고 아침에 회사로 향하면 다른 직원보다 가장 먼저 출근하게 된다고 했다. 그러면 자신이 교회에서 회사를 위해 기도한 것처럼 온 사무실을 깨끗이 쓸고 닦고 청소하면서 이른 시간을 보낸다는 것이다. 믿지 않는 직장 동료들이 감동하고 그분을 칭찬하는 목소리를 높였다고 한다. 세상의 소금 역할은 대단한 그 무엇을 요구하는 것이 아니라 주어진 자리에서 섬김의 본을 보여주는 것이리라.

그리고 토요일에는 자녀를 포함한 온 가족이 함께 건강한 가정을 위해서 기도했다. 때마침 불어온 모교회 사랑의교회의 새벽 바람이 우리교회에까지 영향을 미쳤다. 10월 3일 공휴일에는 무려 800여 명이 넘는 성도들이 새벽에 함께 모여 두 시간 넘게 새벽 찬양 축제를 벌였다.

그 시간에 우리는 조국 대한민국을 위해 기도했다. 그리고 방황하는 이 땅의 청소년들과 다음 세대를 위해 눈물로 기도했다.

마지막으로 우리교회에 소속된 청소년들을 강단 위로 초청했다. 쏟아져 나오는 아이들! 그 아이들을 눈물로 축복하고 기도했다.

새벽잠을 설치며 찾아온 어린 청소년들과 초등학생이 부모님과 함께 손을 잡고 눈물로 기도하는 광경은 세상에서 가장 아름다운 그림이었다. 이렇게 새벽예배가 마쳐지고 교회 마당에는 바나나 파티가 벌어졌다. 세상에 이렇게 신나고 좋은 일이 또 있을까?

초창기에 새벽예배를 시작하면서 가장이 바로 서는 것이 건강한 가정과 사회의 기초라는 생각에서 다시 가정과 가정을 묶어줄 무언가를 찾기 시작했다. 그렇지, 운동장! 우리 교회는 운동장이 있는 교회가 아닌가. 이 넓고 넓은 운동장을 그 동안 놀렸다니...

운동장이 있는 교회!

이 운동장이 남성과 가족의 일체성을 일깨우는 일에 선용될 수 있는 조건이라는 생각이 떠올랐다. 전 교인이 함께 하는 체육대회를 열기로 했다. 6월 6일 공휴일에 새벽기도회를 끝내고 체육대회를 했다. 기도회를 1시간 안에 마치고 간단하게 아침을 먹고 운동장에 모여서 신나게 놀았는데도 11시가 되니까 모든 순서가 끝이 났다. 사실 모처럼 휴일인데 오후 시간쯤은 가족행사나 다른 일을 본다 해도 문제될 것이 전혀 없었다.

가정의 가장을 격려하고 세우는 교회, 가정이 사랑으로 회복되기를 돕는 교회, 그 회복된 가정에서 다음 세대 아이들이 꿈을 회복하여 자라는 것을 기쁨으로 여기는 교회, 이런 교회에의 꿈이 나를 흥분시킨다.

냉담자들의 마음을 데워라

냉담자란 한때 신앙을 고백하고 교회생활을 하다가 여러 가지 이유로 교회 출석을 하지 않는 사람들을 말한다. 격무와 스트레스가 많아서인지 남성 중에 냉담자들이 많다. 우리교회는 처음부터 분당 지역의 냉담자들에게 다가간다는 전략을 가지고 있었다. 우선 어떻게 이들에게 다가갈 수 있을까 고민하다 괜찮은 아이디어가 떠올랐다. 개척한 지 3개월 지난 시점이었다. 5월 달의 한 주일 오후를 정해 주변 주민들을 초청하는 통돼지 바비큐 파티를 열었다. 통돼지를 세 마리 잡고, "밥만 먹고 끝내기가 뭐하니 행복한 가정에 대해 훌륭한 선생님의 말씀을 한마디 듣고 갑시다." 하며 분위기를 몰았다.

 봄바람은 살랑거리는데 운동장에서는 통돼지 바비큐가 빙빙 돌아가고, 학교 곳곳에 설치된 스피커를 통해서는 아름다운 음악이 흘러나오고, 초청받아 오신 인근 주민들이 학교 벤치에 삼삼오오 앉아서 식사도 하고 담소를 나누는 모습은 참으로 정겨웠다. 이어 강당에 모여 가정을 주제로 한 강의를 듣고 가정을 위해 기도하는 시간을 가졌다. 한 번의 그런 시간이 이웃들에게 어떻게 작용할지는 미지수지만 분명 뭔가 다른 인상으로 남아 있지 않을까, 다음 단계로 갈 수 있는 견인이 되어주지 않을까, 하는 기대감이 정겨운 광경을 보며 마음 속에 꽉 들어찼다.

일 년이 지난 2003년 가을에 우리교회는 이런 냉담자들을 초청하는 잔치를 마련했다.

"새생명축제"라고 이름 지어진 이 잔치는 10월 한 달 내내 이루어졌다. 500여 명 가까운 태신자를 작정하고 수 개월 동안 눈물로 기도해 온 성도들이 그들을 교회로 초청하기 시작했다.

교회 마당에는 학교 운동장의 장점을 최대한 살려 멋진 야외 북 카페를 만들었다. 잔잔한 음악이 흐르고 설치된 비치 파라솔 아래 초대된 이웃과 성도들이 어울려 함께 차를 마시는 광경을 상상해 보라. 이 축제를 통해 고무된 사람들은 다름 아닌 성도들 자신이었다. 10월 내내 선포된 복음에 우리 성도들이 더 눈물을 흘렸다.

오랫동안 묻혀있던 신앙의 야성이 되살아난 듯 이곳 저곳에서 이웃을 초청하려는 절박한 몸부림으로 영혼들의 손목을 이끌고 왔다.

말씀 앞에 순종하는 착한 성도들, 그들을 모시고 교회를 꾸려나가는 목사의 행복을 뭐라고 표현해야 잘 전달할 수 있을까.

'하나님 감사합니다. 이렇게 행복한 교회를 허락하셔서 감사합니다. 그 은혜를 생각하면서 잃어버린 한 영혼에 대한 아버지의 심정을 회복하는 교회가 되도록 하겠습니다.'

기다려주는 성도들

지금 생각하면 무모하기도 하고 철없는 행동이기도 했다는 생각이 드는 한 가지 결단이 있었다.

바로 새벽기도회에 출석하지 않기로 한 것이다. 교회 활동은 프로그램이나 이벤트가 아니다. 하나님을 향한 삶의 자세를 확인하는 곳이 교회라야 한다. 그러기 위해 목사인 나부터 사람을 너무 의식하지 않겠다고 결심했다. 그 당시 나 혼자 새벽기도회, 수요 예배, 주일 예배를 인도하고, 몰려드는 성도들을 심방하는 등 무리를 했더니 단박에 신호가 왔다. 두 달 만에 성대 결절(決折)이 찾아온 것이다.

잠긴 목이 좀처럼 풀리지 않아 병원에 가니까 성대가 벌겋게 부어 있어서 며칠 내에 가라앉지 않으면 수술을 해야 한다고 했다. 나는 일단 부교역자들에게 설교를 부탁하고 이 신호에 대해 잠시 생각하지 않을 수 없었다. 무리가 되더라도 대부분 개척교회 목사는 새벽기도회부터 모든 것을 다 해야 한다. 아무리 힘들어도 함께 나눌 동역자가 없어서 몸을 상하게 되는 경우가 비일

비재한데, 그분들께 죄송한 마음을 금할 수 없었다.

하지만 우선 몸에 신호도 왔고 다른 두 가지 이유에서 새벽기도회를 안 나가기로 했다. 제자훈련을 하게 되면 저녁 시간을 주로 많이 쓰게 되는데 그렇게 될 경우 새벽 시간을 활용하는 것이 문제가 될 게 틀림없었다. 개척교회 목사니까 사람들의 비난이 두려워 무리한 강행을 한다는 자체가 바른 자세가 아니라는 생각이 들었다. 상당한 부담감을 무릅쓰고 나는 당분간 새벽기도회에는 안 나가겠다고 선언하고 그 시간에 모자라는 잠을 보충했다.

또 한 가지는, '지금은 마라톤에서 스퍼트를 할 때가 아니다, 지금은 다 쏟아 부을 때가 아니다' 라는 판단이 섰다. 오히려 힘을 적절히 안배하는 지혜가 필요한 시기라는 생각이 들었다.

새벽기도회에 불참하는 개척교회 목사. 이런 철없는(?) 결단을 참 고맙고 놀랍게도 우리교회 성도들은 이해해 주었다.

이렇게 일 년 가까이 새벽기도회를 나가지 않았다.

그러다 6월 달에 성령님의 강력한 책망을 듣게 되었다. 미국 시카고와 애틀랜타에 교민 집회 인도가 있어서 출국했었는데, 시카고에 도착하던 날 새벽부터 흔들어 깨우시더니 약 3주간의 미국 방문 기간 동안 단 하루도 예외없이 새벽마다 책망하셨다. "네가 새벽예배를 죽여 놓았다. 아무리 성도 수가 늘면 무슨 소용이냐? 너희 교회는 지금 기도가 죽어가고 있다."

그 책망의 말씀에 긴장하여 귀국한 즉시 다시 새벽부흥을 선언하며 9월 달에 전 교인 새벽부흥회를 가졌다. 그랬더니 마치 그 동안 목마르게 기다리고 있었다는 듯이 기도에 불이 붙기 시작했다. 앞에서도 언급했지만 최고 800여 명이 넘는 성도들이 새벽에 나와서 갈급함을 호소했다.

나는 이런 성도들께 고마움을 느낀다. 만약에 성도들이 목사의 멱살을 잡으면서 "새벽기도 살려내라" 했다면 이런 결단은 없었을 것이다. 또 한편으로는, 성도들에게 떠밀려서 시작했다면 체면이 다 구겨졌을 텐데 성령님께 혼나고 그 말씀에 순종하여 새롭게 기도에 불이 붙은 것을 다행으로 생각한다.

제자훈련을 받으시는 어떤 집사님이 농담처럼 이렇게 말씀하셨다. "목사님께 따질 수가 없어서 하나님께 다 일러바쳤지요. 기도에 불을 붙여달라고요."

나는 어린 종의 연약함을 책망하지 않고 기다려 주시는 성도들의 애틋한 마음을 알기에 더 고맙다. 성도들의 이와 같은 헤아림과 배려가 없었다면 오늘의 분당우리교회도 없을 것이다.

창립 멤버가 먼저 희생하세요

　　　　　　우리교회도 위기가 없었던 것은 아니다. 그러나 다소의 갈등이 반목이나 분열로까지 이어지지는 않았다. 그것은 창립 멤버들의 탁월한(?) 희생이 방패막이가 되었기 때문에 가능했다. 교회가 개척되고 얼마 후 교회의 요직을 맡고 있는 사랑의교회 출신의 창립 멤버들과 외부에서 들어온 신자들 사이에 갈등의 소지가 생겼다. 교회가 사랑의교회 출신, 비 사랑의교회 출신으로 나뉘는 느낌도 들었다. 타 교회 출신 성도들은 일종의 소외감도 느끼고 있는 듯했다.

　그리고 일꾼은 얼마 안 되는데 4, 5월 달에는 새 가족이 한 주에 50-60명씩 등록했다. 주방 봉사, 교회 청소 등을 교인들이 직접 해야 한다는 생각을 가진 분들과, 이런 일이라면 용역을 주고 교회가 좀더 생산적인 일에 매달려야 한다고 생각하는 분들 사이에 의견 대립이 생겼다. 이런 저런 의견 차이로 사람들이 몇 갈래로 갈라지는 듯 보였다. 8, 9월에 이르러서는 갈등의 정도가 상당한 위기감이 느껴질 정도로 위험 수위까지 올라갔다. 사랑의교회 출신 성도와 비 사랑의교회 출신 성도로 갈리는 듯한 분위기, 수군거림을 감지할 수 있었다. 내가 선택할 수 있는 길은 두 가지였다. 설득하고 달래든지, 아니면 원칙을 강하게 천명하든지였다. 나는 후자를 택하는 데 주저하지 않았다. 배수진을 친 위험한 승부수가 될 수도 있었다.

어느 주일, 나는 야고보서 말씀으로 경건에 대한 설교를 했다. 참 경건은 입에 재갈을 물리는 일로부터 출발한다는 내용이었다. 대단히 직설적이고 강한 어조의 질책도 아끼지 않았다. 이어 평신도 리더들의 모임인 순장반에서도 목소리를 높였다. 당시 순장들은 주로 사랑의교회에서 훈련을 받은 창립 멤버들이었다. 순장들은 나의 고강도 질책에 모두 눈물을 흘렸다. 독설에 가까운 견책이었다.

"창립 멤버들이 변하지 않으면 이 교회 부흥은 없습니다. 여러분이 바로 교회 부흥의 걸림돌입니다."

고락을 함께 했고 궂은 일에 앞장 섰던 그들에게는 참으로 수용하기 어려운 모욕이었을 것이다.

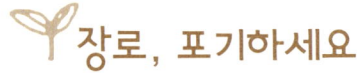 장로, 포기하세요

나와 함께 교회 개척을 결심하고 우리교회를 창립한 분들 가운데는 사랑의교회 차기 장로 후보가 될 만한 분들이 계셨다. 나는 그분들에게조차 강하게 주의를 주었다.

"여러분이 먼저 잠잠하고 양보하십시오."

창립 멤버들과 모여 회의하는 가운데 이런 말까지 했다.

"사랑의교회에서 오신 창립 멤버 집사님들이 이 교회에서 장로 안 하겠다는 자기 선언을 할 정도의 희생과 결단이 없으면 이 교회의 부흥은 없습니다. 항상 창립 멤버들이 나중에 교회의 어려움이 되고 걸림돌이 되는 겁니다."

내가 이렇게 강하게 나왔는데도 단 한 분의 집사님도 이의나 반론을 제기하지 않으셨다. 한 달 이상 모든 설교의 초점은 창립 멤버들의 철저한 희생, 모범, 근신에 맞춰졌다.

개척 초기라고 사람 끌어모아야 한다는 얄팍한 계산으로 듣기 좋은 말이나 하고 상처나 만져주는 설교는 안 하겠다고 다짐했다. 그리고 정말 눈치 안 보고 당당하게 나갔다.

걸핏하면 "우리교회는 그런 교회가 아닙니다. 편하게 신앙 생활하고 싶으면 잘 갖춰진 다른 교회로 가십시오." 하고 공언했다. 어느덧 우려하던 불협화음과 갈등의 징후들은 잠잠해졌다.

2002년 연말쯤 창립 멤버 가운데 한 집사님과 식사를 할 기회가 있었다. 조심스럽게 말문을 연 그분은,

"목사님, 저희 창립 멤버 거의 대부분은 지난 8, 9월 홍역을 앓았습니다. 목사님의 질책과 다그침 앞에서 정말 뭘 잘못했는지도 잘 모른 채 삼삼오오 만나면 한숨만 쉬었습니다. 어떤 때는 사랑의교회로 되돌아가고 싶은 마음도 있었고, 목사님께 도움이 안 되는 존재인 것처럼 보여서 가슴앓이를 했습니다. 그러다가 결국, 우리는 이찬수 목사님의 목회를 도와드리러 왔다, 하나님의 영광을 위하는 그것 하나만을 생각하자, 하고 결론을 내렸습니다. 저도 9월에는 심한 몸살을 앓았습니다. 돌아가고 싶었습니다." 하고 말씀하셨다.

집사님의 표정이 점점 더 심각해지더니 어느 새 눈가에 물기가 가득했다.

"목사님, 이런 진통을 겪었지만 이 교회에 뼈를 묻기로 결심했습니다. 여기까지 왔는데… 대신 목사님께 부탁이 하나 있습니다. 저희가 늙고 힘이 없어

지고 이 땅에서 역할이 다 끝나 간다 싶을 즈음에 그 때 목사님이 저희들을 거두어 주세요. 목사님께서 꿈꾸시는 교회를 잘 이루셔서 말입니다."
 집사님은 눈물을 흘리셨고, 나도 목이 메어 말이 나오지 않았다.

 ## 초심의 약속

　　　　　　어느 교회든, 교회 창립 멤버들은 기득권을 주장하기가 쉽다. 교회를 위해 한 일, 그 동안의 헌신과 눈물이 있기 때문이다. 따라서 창립 멤버로서 프리미엄을 내려놓겠다는 각오는 말처럼 쉽지가 않다. 우리교회의 창립 멤버들은 이 점에서 남달랐다. 그분들은 기득권을 포기했고, 자신들의 희생과 헌신에 대한 대가를 요구하는 대신 목회자에게 초심을 잃지 말아 달라고 부탁하는 성숙함을 보여 줬다. 이들의 헌신 덕분에 출석교인 1,300여 명에 이르기까지 단 한 번의 내홍도 겪지 않았다. 더러 창립 멤버들이 개척 초기에 많이 다치고 상처받아서 쉽게 흩어지는 예를 보는데, 젊은 목사의 인격 모독에 가까운 질책을 듣고도 이탈은커녕 자기 포기 선언을 해준 저들이었다.

　적어도 나에게 창립 멤버들은 너무나 고마운 분들이다. 그 좋은 사랑의교회를 떠나, 나와 함께 꿈꾸는 교회를 세우기 위해 고생할 것을 다짐한 사람들이다. 그러고 보면 나도 어지간히 무정한 사람인 것 같다. 창립 멤버 30여 명이 있지만 지금까지 전화 한 통 걸어 제대로 고마움을 표시한 적이 없다. 흔한 주스 한 병 사갖고 찾아가 인사 한 번 한 적도 없었다. 목회자가 하나님만 의식하고 나아가야지, 사람에게 지나치게 감사하고 사람 의존하는 것처럼 보이는 행동은 피해야겠다는 생각 때문이었다. 게다가 개척 초창기라고 30여 명에게 정성을 들이다가 나중에 교세가 늘어 그분들에게 소홀하게 되면 혹시라도 들을 원망을 막고 싶었다.

"저 양반, 개척 초기에는 우리에게 그렇게 관심을 쏟고 감사를 표하더니, 사람 좀 많아졌다고, 교회 좀 커졌다고 거들떠도 안 보는구먼. 거 참, 감탄고토요 토사구팽일세!" 하고 뒤엣말이 들릴 게 뻔했다.

또한 창립 멤버에게 너무 마음을 쏟으면 이후에 오는 교인들에게 마음을 주기가 어려워진다. 이 정신은 사랑의교회에서 청소년 사역을 할 때부터 지켜왔던 터였다. 청소년 중에서도 내 주변을 도는 아이들, 협조적인 아이들, 그냥 보고만 있어도 하는 짓이 예쁜 아이들이 있다. "목사님, 설교가 좋아요. 은혜 받았어요."를 입에 달고 사는 아이들도 있다. 이런 아이들은 주중에도 생각이 난다. 그런가 하면 매사에 시큰둥하고 예배 시간에 졸기나 하고 떠드는 아이들에게는 자연스레 마음이 가지 않는다. 당연히 마음이 가고 예쁜 아이들에게 "공부하느라 수고가 많구나!" 하고 전화라도 한 번 더 하고 싶어진다. 그래서 나도 모르게 수화기를 든다. 그렇게 수화기를 들었다가 내려놓은 적이 여러 차례 있었다.

 팀워크로 세우는 교회

내 눈에 예쁜 아이들, 똑똑한 아이들은 본능적으로 마음이 끌려 통제하고 조절을 해도 마음이 가는 게 사실이지만 그렇다고 감정이 이끄는 대로 따라가면 안 된다. 마음이 덜 가는 아이들, 심지어는 미운 생각이 드는 아이들, 아직 뭐가 뭔지 가림을 못하는 금방 믿은 아이들까지 가슴에 품고 마음을 내어줄 자신과 여력이 없다면 예쁜 아이들에게도 표현하는 일을 자제해야 한다는 것이 내 철칙이었다. 이러한 원칙의 연장선에서 창립 멤버, 내게 고마운 분들에게만 마음을 쏟아서는 안 된다는 생각을 했다. 나도 참 어지간하고 그분들도 대단하다. 서로에 대한 신뢰와 애정이 더해가지만 지금까지도 그분들과 나는 일정한 거리를 두고 함께 간다.

개척을 시작하고 10개월쯤 흘렀다. 그간 삼국지의 도원결의편이라고나 할까, 꼭 짜 맞춘 것처럼 각계 각층의 전문 사역자들이 우리교회에 합류했다. 우리교회가 창립 예배부터 인터넷 홈페이지에 설교를 올릴 수 있었던 것은 'CCM나라'라는 인터넷 포털 사이트의 대표가 창립 멤버로 참여해서, 그 회사의 대용량 서버를 교회에 제공해 준 덕분이었다. 고맙게도 회사 장비를 빌려서 예배 실황을 찍어 올리는 수고를 도맡아 주신 분이 계셨기에 가능한 일이었다. 인터넷 관련 벤처기업에서 일하는 교인 한 명은 내가 결혼 주례를 선 인연으로 역시 창립 멤버로 참여했고, 자원해서 인터넷 사역을 맡아 주었다.

한 분은 참 재미있는 사연을 만들기도 했다. 개척을 시작하고 4개월 지날 즈음 한 교계 출판사로부터 직원 예배를 인도해 달라는 요청을 받아 간 적이 있었다. 예배 시간에 우리교회에 대해서 이런 저런 후일담을 나누었다. 그랬더니 설교 후 직원 한 사람이 만나고 싶다는 뜻을 전해 왔다. 둘이 휴게실에서 이야기를 나누는데,

"사실 지금 살던 곳에서 이사를 하여 교회를 찾고 있던 중입니다. 목사님 말씀을 듣고 나니 마음이 굉장히 뜨거워집니다. 우리교회에 합류해 섬기고 싶은데요..." 하는 게 아닌가.

집이 어디냐고 물으니 의정부라고 했다. 의정부에서 분당까지는 도저히 오

가기 힘든 거리 아닌가. 말은 고맙지만 '저 사람, 정말 나올 수 있을까?' 하고 반신반의했다. 그랬는데 내 우려와는 달리 의정부에서 분당까지 그 먼 거리를 열심히 출석하는 것이었다. 급기야는 교회 가까이 오기 위해 이사를 결행했다. 문서사역 간사로 일하면서 교회 소식지인 '우리'를 비롯해 교회를 알리는 문서들을 품격 있게 만들어 주어 얼마나 고마운지 모른다. 그 후에 신학교에 들어가서 신학 수업을 받고 있는데, 신학대학원 입학시험을 석 달도 남겨두지 않고 준비했는데도 불구하고 어찌나 열심을 내었던지 당당히 합격하여 모두를 놀라게 했다.

 손발이 착착 맞는 평신도들

주일에 교회 주방만큼 분주한 곳도 드물다. 해주는 밥 먹는 일은 우스워도 매주 600-700명의 대 식구를 먹이는 일은 정말 만만한 일이 아니다. 다행히 송림학교에서 식당을 내어주셔서 공간의 어려움은 던 셈인데, 여기에 전문가처럼 식당 운영을 하시는 '주방 봉사팀'의 눈물어린 헌신으로 식단 짜는 일부터 식료품 구입, 조리, 배식 등 어느 것 하나 손색없이 운영되고 있다. 음식이 어찌나 맛깔스럽고 배식은 또 얼마나 질서정연하게 이루어지는지, 교회 밥이 맛있어서 등록했다는 우스갯소리가 나돌 정도다.

제자훈련, 사역훈련 등 여러 분야에서 잘 훈련된 평신도 지도자들이 개척 초기부터 함께한 점도 빼놓을 수 없다. 창립 멤버 30여 명이 대부분 잘 훈련된 평신도 지도자였을 뿐 아니라, 그 이외에도 예수전도단에서 D.T.S. 훈련

을 받은 분들이었다. 방식은 조금씩 다르지만 다른 기관에서 깊이 있게 성경을 배우고 연구한 이들의 합류도 큰 힘이 됐다. 이 리더들을 중심으로 구역 모임인 다락방을 운영할 수 있었다.

전도 폭발 팀이 시작된 것도 그렇다. 새로운 등록 교인 가운데 전도 폭발 훈련을 전문적으로 받았을 뿐더러 구령(救靈)의 열정이 뜨거운 집사님 한 분이 계셨다. 이분은 나를 못살게 굴다시피 하면서 전도 폭발 훈련의 실시와 전도팀 구성을 채근했다. 떠밀리다시피 해서 전도팀을 결성하고 운영했는데 나중에 뚜껑을 열고 보니, 이 사역을 통해 상당수의 결신자가 탄생했다.

2년 전 옥한흠 목사님께 "하나님은 통전적인 분이셔서 주어진 일에 충실할 때 제가 경험 안 한 영역까지도 잘할 수 있게 은혜를 주실 겁니다." 하고 말씀드렸는데, 지금에 와서야 내가 한 말의 의미를 체감하고 있다. 아니 그 때는 그 말의 의미를 그렇게 깊게 이해하지 못하고 있었던 것 같다.

나는 장년 목회 경험이 없던 사람이다. 주일학교 사무실과 교육관에만 틀어박혀 있어서 장년 사역팀에서 일어나는 일에 별 관심도 없었고 그럴 틈도 없었다. 간혹 신학교 동기나 친구 목사가 전화해서, "사랑의교회에서 무슨 프로그램을 했다던데 자료를 달라", "무슨 세미나가 있다고 하는데 자리가 다 찼다고 한다. 네가 자리 하나 마련해 줘라" 하곤 했다. 그럴 때마다 "나도 모르는 자료다", "그런 세미나가 열리냐?" 하고 되물었다. 그러면 "싫으면 싫다고 해라. 친구 사이에 궁색한 변명을 하냐"는 식으로 핀잔을 먹기도 했
다. 이런 오해를 살 정도로 장년 사역에는 문외한이었고 심지어 교구를 어떻게 나누어야 하는지도 모르는 나였다.

이런 경험 없는 젊은 목사를 불쌍하게 보셔서 하나님께서 이렇게 좋은 동역자들을 보내주셨다. 그들의 헌신과 수고는 가히 놀라울 정도였다.

어린 목사의 작은 신앙 고백을 하나님은 기쁘게 받아 주셨고 그 풍성하신 하나님의 은혜를 바라보며 이렇게 고백할 수밖에 없다.

'전적으로 하나님이 하셨습니다.'

 커피 향기 그윽한 섬김의 교회

5, 6월이 되면서부터는 늘어나는 새 식구가 많아지기 시작했다. 예상 밖의 인원 증가였다. 내 행정 능력으로는 도저히 감당하기 힘든 지경이었다. 이 때 분당의 모 교회에서 사역하는 한 후배가 떠올랐다. 선교단체 출신으로 경험이 많은 이 후배에게 그때그때 묻기도 하고 자문도 구하다가 문득 '이 후배가 나와 협동으로 사역한다면 얼마나 좋을까!' 하는 생각이 들었다. 조심스레 이런 뜻을 비치니 본인의 마음에도 그런 선한 구상이 있었다고 했다. 나는 당장 그 교회의 담임 목사님을 찾아뵙고 간청드렸다.

"이 사람은 제 모교 후배이고 절친한 친구입니다. 이렇게 크고 잘 갖추어진 교회에는 이 친구의 도움이 그리 빛나지 않을지 모르나 은사가 없는 제게는 보배와 같습니다. 목사님, 하나님 나라의 효율을 생각하셔서 이 친구를 제게 붙여주십시오."

감사하게도 그 목사님은 교단이 다름에도 불구하고 우리교회로 행정목사를 파송하는 형식으로 후배를 보내 주셨다. 교회가 아닌 다른 단체였다면 결단코 불가능한 일이었다. 나는 지금도 그 목사님의 넓은 도량과 후배를 사랑하는 마음을 존경하고 있다.

이렇게 새로 행정목사가 힘을 합한 이후 교회 행정이 정갈하게 자리를 잡고 체계가 세워진 것은 더 말할 나위가 없다. 이런 식으로 영성과 더불어 합리적인 교회 운영을 위한 초석이 놓여져 갔다.

앞서 밝혔지만, 사무실로 쓰려고 송림학교 인근에 공간을 얻었었다. 그런데 강당과의 거리 때문에 이용하기가 애매하고 불편한 일들이 생겨났다. 예배 때마다 사무 집기 등을 옮겨야 하는 번거로움도 만만찮았다. 이런 사정을 안 송림학교에서는 애초부터 꾸며놓았던 사무 공간 사용을 허락해 주었다. 그렇게 목회자실, 부교역자실, 사무실이 다 들어갈 수 있는 공간이 생기자 얻어놓았던 사무실의 용도가 애매하게 되었다.

'이 공간을 어떻게 활용하면 좋을꼬...'

이리저리 머리를 굴리다 한 가지 묘안이 떠올랐다. 그곳을 지역 주민들이 편안하게 찾아올 수 있는 북 카페로 만들기로 한 것이다. 인테리어 비용을 따로 들이고 정성스럽게 꾸민 결과 제법 아늑하고 편안한 북 카페가 태어났.

원두커피 한 잔에 1,500원으로 시중보다 싼 가격에 서비스를 시작했다. 송림학교 교직원들에게는 무료 티켓을 나누어 드리고, 언제든지 오셔서 음료와 샌드위치도 드시고 교제하시라고 홍보했다. 평일 이용이 제한된 교회 환경 속에서, 또 교회라면 색안경부터 끼고 보는 구도자들에게 북 카페는 언제든지 편하게 찾아와서 담소할 수 있는 명소로 자리를 잡아갔다.

젊게 다가간다

젊은이들을 모으는 것도 중요하지만 모인 젊은이들의 가슴을 시원하게 해주는 일이 더 중요하다. 어떻게 하면 젊은이들이 교회가 하는 일에 항상 고개를 끄덕일 수 있을까 생각하다가 '지극히 상식적인 것이 지극히 영적인 것이다.' 라는 결론에 이르게 됐다. 골방에 들어가서 두 시간 기도하는 영성과 사회 속에서 정직하게, 상식과 순리에 따라 사는 자세가 같은 무게임을 강조했다. 특히 분당은 고학력 중산층 인구가 몰려 사는 지역으로서, 상식이 통하지 않는 왜곡된 교회 문화 때문에 상처받은 사람이 많았다.

나는 강단에서 말씀을 전할 때마다,

"우리교회는 상식이 통하는 교회가 되게 하겠습니다. 목회는 어려운 것이 아닙니다. 초등학생이 들어도 납득이 가는 목회를 하는 것이 영적인 교회를 운영하는 길이라 생각합니다." 하고 힘주어 말했다.

상식이 통하는 교회, 합리적인 교회!

새삼스러울 것도 없는 약속임에도 불구하고 너무 많은 사람들이 여기에 공감해 주었다. 내가 젊은이 사역에 세밀한 청사진과 풍부한 경험이 있었던 것은 아니었다. 하지만 젊은이들과 대화를 하면서 이런 정서가 전달돼 왔다.

'아, 이 친구들이 교회에 목말라 하고 갈증을 느끼는 대목은 요란한 프로그램이 아니구나. 복음이 유치한 말장난이 아니라 삶 속에서 인격이 달라지고 사람을 달라지게 만드는 능력이라는 것을 상식적인 교회 운영을 통해서 입증해야 하는구나!'

젊은이들을 끌어들이기 위한 현란한 프로그램은 지양하고 복음의 본질과 아름다운 공동체만을 가지고 다가가자는 결심이 섰다.

# 관계중심의 사역

나는 젊은이 부서 교역자에게 두 가지를 당부했다.

"젊은이 사역을 한다면 자신이 먼저 젊은이에게 미쳐야 합니다. 그 분야에 미친 지도자가 나오지 않고는 그 부서의 부흥이 일어나지 않는 법이지요. 또 하나는 지극히 상식적이고 관계 중심적으로 다가가야 합니다. 주일에 한 번 삐죽이 얼굴 보는 것으로는 젊은이 사역에 승부수가 띄워지지 않습니다. 주중에 연락해서 만나세요. 좋은 인상을 심어주시고요, 젊은이들이 신뢰할 수 있는 관계를 형성하세요. 프로그램 생각만 하지 말고 젊은이들과 관계 형성부터 하세요. 특별히 예산을 책정해 드릴 테니 이런 일부터 시작하세요."

젊은이 사역을 프로그램 위주로 갈 생각은 추호도 없다. 그저 한 걸음 또 한 걸음 젊은이들의 신뢰를 얻어가려 한다. 믿고 따를 인생 선배 하나 두기 쉽지 않은 젊은 그들에게 다른 건 몰라도 예수 믿는 선배들이 세상을 좀 다르게 사는구나, 신념을 넘어 믿음으로 살려고 하는구나, 그런 신뢰를 심어주고 싶었다. 그러기 위해서 말 따로 행동 따로인 목회자가 되지 않으려고 애쓴다. 무엇보다 젊은이들의 눈에 교회가 자랑스럽게 비춰져야 한다. 친구를 데려오고 싶어도 교회가 자랑스럽지 못하고, 변변치 못해 쉽게 인도 못하겠다는 말은 최소한 듣지 말아야 한다. 당당하게 "나는 이런 교회를 다닌다. 너도 우리교회 나와 봐라." 하고 권할 수 있는 교회가 되길 소원하고 젊은이들에게 자랑스러운 교회를 만들어 주자는 다짐을 늘 하고 있다.

2003년 들어와서 주일 1시에 젊은이 예배가 신설됐다.

사랑의교회에 있을 때 중고등학생들을 대상으로 '청소년 찬양축제'를 한 적이 있는데 그 때 참 희한한 일들이 일어났다. 청소년 대상의 집회에 사랑의교회 대학부, 청년부 회원들이 와서 은혜 받았다며 메일을 보내오는 것이었다.

"목사님, 오늘 제가 크게 은혜 받았습니다. 제 수준은 중학생인가 봐요. 중학생을 겨냥한 목사님의 설교에 너무 감동 받고 삶의 각오를 새롭게 했어요."

한두 명으로부터 들은 인사가 아니었다. 이 찬양축제는 많이 모일 때 2천 명씩 모였는데 그 중 몇 백 명은 늘 청년대학생들이 차지했다. 어떤 성경공부 소그룹은 찬양축제가 있는 날이면 아예 성경공부를 찬양축제로 대신하자고 했다는 후문을 들었다.

그 때 나는 말씀의 위력이 시대와 연령을 초월함을 실감했다. 중학생을 겨냥했더라도, 예민하고 날카롭고 비판적이기 쉬운 청년대학생들에게 얼마든지 도전할 수 있다. 우리교회 젊은이 예배는 이런 정신을 고수하려고 한다.

상처받은 사람들 / 노예근성과 이별하사 / 포옹 안 하려면 다른 교회 가세요 / 가출한 자식도 자식입니다 / 상식적인 것이 영적인 것이다 / 우리교회로 오세요 / 치료가 일어나는 교회 / 예배를 살리겠습니다 / 지루한 4퍼센트를 위한 몸부림 / 자기학대가 아닌가 / 나처럼 편한 목사 있으면 나와 보라고 해 / 그 목사, 안 변했네 / 예방의 수칙 / 복화는 명작 전쟁 / 헛된 기대감 매버리기 / 악까지 위임하는 부회 / 두 가지 위험한 실수 / 다시 묻는 길 / 지치는 게 두렵지 않다 / 친절 교육 / 우리는 완제품이 아닙니다 / 만남, 회교의 축복 / 내기진 게 아니나

>>> 셋째 마당
쓴 물을 단물로 바꾸는 교회

상처받은 사람들

　　　　　　　교회를 개척하고 알게 된 사실은 안타깝게도 타 교회에서 온 교인들에게 의외로 상처가 많다는 것이었다. 어느 주일날 구약 출애굽기(15:23-26)에 나오는 '마라의 쓴 물' 사건을 본문으로 설교를 했다. 왜 하나님이 쓴 물을 거기에 두셨는가? 연극으로 말하면, 무슨 의도가 있어서 거기에 그런 장치를 하셨는가? 여기에 본문 해석의 포인트가 있다. 이스라엘 백성들은 사흘 전 홍해가 갈라지는 장관을 눈으로 봤다. 그 기이한 장면을 목도하는 사흘 간 잠이 오거나 다른 일이 생각났겠는가? 아마 흥분이 돼서 눈만 마주치면 홍해 갈라진 이야기를 나눴을 것이다. 그런데 홍해를 건넌 지 불과 사흘 만에 마라의 쓴 물이 나타난다. 그들은 언제 기적을 체험했냐는 듯 쓴 물 때문에 하나님과 모세를 원망한다.

　개척을 해보니 '왜 불과 사흘 만에 쓴 물을 만나고 원망을 했는가?'에 대한 답이 나왔다. 이스라엘 백성이 홍해를 건넜다는 것은 과거와의 단절을 의미한다. 홍해를 건널 때도 징검다리로 건너게 하신 것이 아니었다. 초자연적인

방법으로 바다를 가르셔서 건너게 하셨다. 추적하는 애굽 군대를 똑같은 홍해에 모조리 수장시키셨다. 왜 이런 일을 행하셨는가? 원수들을 멸하기 위해 하나님이 하신 일이기도 하지만, 또 다른 의미에서는 다시는 홍해를 건너 애굽으로 돌아갈 수 없게 만드는 사건이었다. 이제부터는 옛날로 절대로 다시는 돌아갈 수 없게 됐다. 하나님이 '너는 버린 자식이다.' 하고 애굽으로 쫓아내지 않으시는 한 홍해로 돌아갈 수 없는 처지가 되었다.

그럼에도 불구하고 430여 년 동안의 노예근성, 혹은 노예로 사는 동안의 상처 때문에 그들은 겨우 사흘 만에 원망의 말들을 쏟아낸다. 우리도 일본 제국주의자들의 식민통치를 겪어 봐서 안다. 우리 할머니들은 정신대로 끌려가서 상상할 수 없는 수모를 당하고 아버지가 주신 그 좋은 이름들을 창씨 개명해야 했다. 우리는 이런 역경을 36년간 당했지만 이스라엘은 무려 400년 이상 당했다. 그들의 상처는 깊었다. 골이 깊었다. 이들의 머리 속에 지도자란 자신의 유익을 위해서 백성을 도구로 사용하는 압제자의 이미지로 자리 잡고 있었다.

노예근성과 이별하자

　　　　　　　이스라엘 백성들은 광야를 거치면서 왜 이렇게 걸핏하면 하나님을 원망할까? 왜 이렇게 불신할까? 나는 그 답을 그들의 노예근성에서 찾았다. 아버지들, 할아버지들, 아니 그 윗대에 이르기까지 '우리는 속았다. 우리는 지극히 비참한 존재다.' 라는 생각이 온 몸을 적시고 있었다. 때문에 조금만 이상한 조짐이 보여도 모세를 의심하고 원망했다. '이게 무슨 꿍꿍이가 있지 않은가? 무슨 숨은 의도가 있지 않은가?' 하고 고개를 갸우뚱하는 것이다. 성도들 중에는 마음 속 깊이 상식도 좇아가지 못하는 괴상한 일들로 상처받는 이들이 많다는 것을 알게 되었다.

　개척을 하고 얼마 되지 않은 어느 날, 한 여 집사님이 상담을 요청해 왔다. 집사님은 나를 보자마자 눈물부터 비치더니 내리 한 시간 가까이 울었다. 정말 정성을 다해서 한 개척교회를 돌보고 섬겼는데, 그 교회 담임 목사 사모님이 그 교회 부교역자와 이 집사님 사이에 스캔들이 있는 것처럼 모함을 해서 눈물을 머금고 교회를 떠나야 했던 상처를 호소했다. 그런가 하면 교회에 분

쟁이 나서 옥신각신 하는데 담임 목사가, "나 싫으면 다 나가라. 나는 교회 건물 임대료만 받고도 먹고 살 수 있다."고 망발을 하는 바람에 씻을 수 없는 상처를 받았다는 교인도 만나보았다.

　한국교회 대부분이 건강하고 건전하며 상식이 통하는 교회겠지만, 아직도 제왕적인 목회를 버리지 못하는 목사들도 있는 것 같다. 하나님의 말씀을 이상하게 적용해서 마치 담임 목사가 하나님의 대리인, 아니 하나님 자신인 것처럼 군림하는 목사들이 여전히 존재하고 있다. 이런 교회에서 상처받고 온 교인들은 아주 오랫동안 상처가 치료되지 않는다. 그래서 나도 개척 초기에 굉장히 긴장을 많이 했다. 그중에 아직도 잊혀지지 않는, 아니 생각할 때마다 가슴을 쓸어내리게 되는 사건이 한 가지 있다.

포옹 안 하려면 다른 교회 가세요

매월 한 번씩 있던 가족 예배를 드리던 중이었다. 우리는 예배시간에 부부간에 사랑을 고백하게 하고 손잡고 기도도 시킨다. 포옹을 권하는 날도 있다. 그 날도 가족 단위로 다 일어나서 서로 손을 잡고 축복하라고 했다. 하지만 낯가림 때문에 우리나라 사람들이 어디 쉽게 그렇게 하는가? 엘리베이터 안에서 눈 둘 데가 없어서 숫자를 세고 있는 사람들 아닌가! 그 날 부부들이 너무 어색해 하기에 내가 농담을 한마디 던졌다.

"왜 안 하십니까? 하십시오. 우리교회는 가정을 소중히 여기는 교회입니다. 정말 하기 싫으면 다른 교회에 가십시오. 우리교회에 적응하시려면 이렇게 하셔야 합니다."

이렇게 농담을 던지자 교인들 사이에서 폭소가 터져 나왔다.

바로 그 주간의 어느 날이었다. 아침 일찍 컴퓨터를 켜보니 메일이 와 있었다. 장문의 메일이었고 어조는 사뭇 단호했다. 요지를 말하자면 이런 것이다.

'목사님이 이 교회의 주인입니까? 목사님이 이 교회의 주인이 아닌데 왜 성

도더러 오라, 가라 하십니까?'

 나는 일단 충격을 받았다. 정말 농담 한마디라도 신중하게 해야 하는구나, 이게 담임 목사의 자리구나, 하고 느꼈다. 나는 그 자리에서 사과 편지를 보냈다.

 '우선 신중하지 못한 농담을 해서 죄송합니다. 하지만 제가 보기에 교우님은 이런 부분에 정상적이고 상식적인 사고를 못하고 계시는 듯합니다. 균형을 좀 잃고 계시지 않은가 생각됩니다. 당시 정황으로 봤을 때 그 어떤 사람이 들어도, 그것은 담임 목사가 교회를 좌지우지해서 사람을 오라 가라 하는 문맥이 아니었습니다. 부부간에 교제하고 대화하게 만들려고 과장법을 사용

했음을 누구나 다 알 수 있었습니다. 혹 교우님에게 이런 부분에서 상처가 있는 것은 아닌지요. 자라 보고 놀란 가슴 솥뚜껑 보고 놀란다고 하지 않습니까…'

이렇게 답신을 보냈더니 그분에게서 즉각 답이 왔다. 잘못했다, 경솔했음을 인정한다, 용서해 달라는 내용이었다. 아직도 얼굴조차 모르지만 문체로 봐서 나이가 많은 어른이시고 정직하고 바르게 살려고 애쓰시는 분 같았다. 그럼에도 불구하고 과거에 목사들에게 상처를 깊게 받은 분이라는 생각에 마음이 아렸다.

길거리에 나가서 예수 믿으라고 전도지를 만 장 돌리면 교회에 오는 사람은 한 명이 될까 말까 한다. 그런데 이처럼 어렵사리 전도하여 한 명의 회심자를 얻어 교회로 인도하고는 제대로 보살피지 못하는 현상은 정말 미스터리다.

예수가 누구인지 모르는 사람에게 예수를 전하는 것도 중요하지만, 예수를 믿게 된 사람을 냉담자로 만들지 않는 것도 정말 중요하다. 그리고 이미 상처를 받아서 정상적인 신앙 생활을 하지 못하거나 부정적인 사고로 꽉 차 있는 성도들을 섬기는 일이 얼마나 어려운지 모른다.

가출한 자식도 자식입니다

교회는 하나님을 알지 못하는 불신자나 이런 저런 이유로 교회를 떠나 있던 낙심자들을 하나님 앞으로 인도하는 곳이어야 한다.

그런데 기존 교회를 다니다가 우리교회를 찾는 이들은 어떻게 할 것인가? 혹 낙심은 아니더라도 신앙의 컬러가 맞지 않아 고민하는 교인들은 어떻게 해야 하는가? 많은 교회들이 수평이동에 의한 성장을 하고 있는데, 그것이 진정한 성장인지 양 도둑질인지 생각해 봐야 한다고 호소했다. 우리교회만 해도 한 주일에 50여 명씩 몰려오는데 그것이 자랑이냐고 문제의식을 제기했다.

개척 초기에 이 문제를 놓고 상당 시간 고민한 것이 사실이다. 다른 교회에서 온 성도라 할지라도 당사자에게 도움이 된다면 등록을 받아야 옳은 것인지, 아니면 이 일로 상심할 목회자를 생각해서 불가 원칙을 세워야 할 것인지 판단하기가 어려웠다. 인간적인 욕심에서가 아니라 하나님 나라의 유익이 어디에 있는지를 놓고 아직도 고민 중이다.

그러나 어떤 경우든 우리교회는 불신자나 낙심자를 돕자, 수평이동하는 철새 교인들을 무조건 반겨서는 안 된다는 지침을 세우고 있다. 기껏 다른 교회에서 키워 놨는데, 나는 손 안 대고 코 푸는 것처럼 교인 이동을 무턱대고 반겨서는 안 되는 일이라고 생각한다.

한번은 가까운 이웃교회에서 온 성도 세 명이 등록 의사를 밝혀왔다. 나는 장고 끝에 "등록을 받을 수 없습니다. 다시 돌아가셔서 그 교회를 잘 섬겨 주시면 참 좋겠습니다." 하고 말했다. 그러나 그분들의 입장도 듣고 보니 참 난처했다.

"목사님, 그 교회를 떠나온 이유가 있습니다. 그 교회가 싫어서가 아닙니다. 저희 남편이 거의 불신자인데 그 교회에서 받은 상처가 있어서 그 교회를 떠나는 조건으로 교회에 나가겠답니다. 이미 부부간에 합의가 되어서 교회를 떠나왔기 때문에 목사님이 안 받아주시면 다른 교회를 알아봐야 합니다. 양해해 주십시오, 목사님!"

그분들의 처지는 충분히 헤아릴 수 있었다. 하지만 이렇게 잘 훈련된 교인을 떠나보내야 하는 그 교회 담임 목사의 심정이 어떨지 자꾸 마음에 걸렸다. 얼마나 충격을 받고 마음이 상할까! 나는 어쨌든 등록을 안 받기로 했다. 결국 그분들은 우리교회에 몇 달 손님교인으로 출석하다가 교회를 떠났다. 비둘기같이 순결하고 뱀같이 지혜롭기란 얼마나 어려운가를 새삼 깨달았다.

언젠가는 설교로, 또는 공지 형식으로 교회 앞에 몇 차례 공포했다.
"타 교회에서 잘 훈련받으신 분들이 우리교회에 오시는 것이 상당히 조심스럽습니다. 수평이동이 많은 것이 별로 기쁘지도 않고 자랑할 일이라는 생각도 들지 않습니다. 최근에 성숙한 성도 몇 분이 우리교회로 오시려는 것을 제가 반대했습니다. 그분들이 떠나올 교회를 생각하면 마음이 아픕니다. 이미 신앙훈련을 받은 분들이 오시면 제게 반갑고 고마운 일이기 때문에 사실 저도 마음이 약해집니다. 하지만 마음 한 구석에서 이게 바로 양 도둑질이라는 가책이 절 괴롭힙니다…"

이 말은 나 자신에 대한 다짐이었다. 이 다짐을 선언적인 의미에서 공포한 것이었는데 그 주간 내내 얼마나 시달렸는지 모른다. 창립 멤버 중 한 분이 전화를 하셨다.
"목사님, 그 말씀을 듣고 다른 교회에서 오신 분들이 너무 상심하고 있습니다. 내가 배 아파서 낳은 자식들만 귀합니까? 남의 자식이라도 정상으로 자라지 못하는 자식, 비뚤게 자라고 있는 자식, 도저히 정상적으로 자랄 수 없어서 가정을 뛰쳐나간 가출한 자식들은 아무래도 괜찮습니까? 이게 과연 옳습니까? 다른 교회에서 제대로 클 수 없어서 우리교회로 옮겨온 후에 은혜받고 각오 새롭게 해서 자라나려고 하던 분들이 너무 충격받고 상처 입었습니다. 사람들이 뭐라고 하는 줄 아십니까? 이찬수 목사마저 이럴 줄 몰랐다고 합니다. 목사님, 표현을 잘하셔야 합니다. 그렇게 단순하지가 않습니다."

상식적인 것이 영적인 것이다

이 전화를 받고 몹시 혼란스러웠다. '인근 교회에서 오신 분들은 등록을 받지 않습니다.' 하고 주보에 명시를 해야 하는가를 놓고 고민하며 의논한 적도 있었다. 그만큼 교인들의 수평이동을 막고 싶었다. 심지어 사랑의교회 성도들이 몰려오는 것도 원치 않아 '사랑의교회 성도들은 등록을 받지 않겠습니다.' 하고 명기하려다가 옥한흠 목사님으로부터 그게 더 어색하다는 지적을 받고 마음을 바꿀 정도로 일종의 결벽증 같은 것을 가지고 있었다. 하지만 막상 교회를 개척해 보니 '수평이동은 양 도둑질이다.'라고 이분법적으로 매도할 성질의 문제가 아님을 알게 됐다.

 남의 자식들이지만 가출해서 길거리를 배회하고 방황하는 현상에 대해 나의 도덕적인 고결성만을 내세워 나 몰라라 할 수 있는가. 그래서 나는 한동안 딜레마에 빠졌다. 물론 지금은, 수평이동에 대해서 경계해야 하지만, 상처 입고 방황하는 교인들을 외면해서는 안 된다는 것을 깨닫고 탄력적으로 대처하고 있다. "저 인간 꼴 보기 싫어서 교회에 안 간다", "저런 인간도 가는 천국이라면 나는 안 가겠다."고 이를 갈 정도의 냉담자들이 얼마나 많은지 모른다. 나는 그들에게 이렇게 말하고 싶다.

"여러분의 마음은 이해합니다. 하지만 복음의 본질을 찾으셔야 합니다. 사람과의 관계는 본질이 아닙니다."

이런 비본질적인 문제로 교회 안에서 상처받는 성도들이 의외로 너무 많다는 사실을 알게 된 이후로는 이런 다짐이 절로 나왔다.

'우리교회는 상식이 통하는 교회가 되겠습니다. 누가 봐도 상식을 벗어나지 않는 교회가 되겠습니다. 아니, 상식적인 것이 영적임을 입증하는 교회가 되겠습니다.'

🌼 우리교회로 오세요

어느 날 새롭게 등록한 집사님의 집을 방문하게 됐다. 집사님은 예배 내내 감격스런 표정을 지으셨다. 예배를 드리고 나오는데 그 집사님이 내게 잊을 수 없는 말을 들려주셨다.

"목사님, 제가 요즘 얼마나 행복한지 아십니까? 제가 출석하는 교회를 자랑할 수 있다는 거, 이게 얼마나 행복한 일인지 모릅니다. 저, 아무에게나 막 외치고 싶습니다. 우리교회에 오세요. 우리교회 좋은 교회에요. 우리교회는 상식이 통하는 교회에요. 신앙 생활을 하면서 지금처럼 행복한 적이 없었어요."

실제로 이분은 주변에 낙심한 신자, 신앙에는 관심이 있지만 교회 적응이 어려운 교인들을 우리교회로 인도했다. 나는 이 댁 방문을 마치고 집으로 돌아오면서 마음으로 다짐했다.

'전국에 소문 나는 교회, 수만 명이 모이는 교회를 세우려고 몸부림 쳐서는 안 될 것이다. 몇 명이 모이든지 성도들에게 자랑스러운 교회가 돼야 한다. 반 강제로 전도지를 나눠주면서 교회에 데리고 나오는 것은 중요하지 않다.

성도들이 "내가 어떻게 하다가 코가 꿰어 인간관계 때문에 못 떠나고 매여 있지만 교회 생각만 하면 지긋지긋하다"고 치를 떠는 교회가 돼선 안 된다. 이런 생각을 품고 있는데 어떻게 전도를 하겠는가!'

 교회가 지극히 상식적이고 재미있고 즐거우며 긍지를 느낄 수 있게 되는 것이 곧 부흥이다. 청소년 사역을 하면서도 줄곧 그런 생각을 했지만, 교회 부흥은 프로그램이 아니다. 메시지를 얼마나 매끄럽게 잘 전하느냐에 달려 있지도 않다. 성도가 납득할 수 있고 자랑스러워하는 교회가 되면 아무 문제가 없다. 우리교회의 나아갈 길을 이렇게 잡았다.

 하지만 상처받은 사람이 어찌나 많은지 농담 한마디에도 즉각 메일이 날아온다. 전화도 오고, 심지어는 찾아와서 따지는 분도 있다. "목회 의도가 무엇이냐? 왜 그런 생각을 하느냐? 왜 그런 말을 하느냐?" 오랫동안 지도자에 대한 뿌리 깊은 불신이 빚어낸 비극이 아닐 수 없다. 목사도 성도도 다 같은 사람이다. 사람 사이의 불신과 반목하는 나쁜 문화에서 벗어나 서로 안 보면 못살 것 같은 끈끈한 정과 신의를 회복하는 것, 그 회복의 근간이 하나님 사랑이라는 것을 모두가 깨닫는 것이 목회의 맛이 아닐까.

 ## 치료가 일어나는 교회

　　　　　　다시 마라의 쓴 물 사건으로 시선을 옮겨보려고 한다. 사건의 결말은 이렇게 난다. 홍해를 건너 온 이스라엘 백성은 사흘 동안 물을 마실 수 없었다. 마침 수르 광야에서 오아시스라고 생각되는 물웅덩이를 발견하여 그 물을 벌컥벌컥 마셨는데 마실 수 없는 쓴 물이었다. 하나님은 모세에게 한 나무를 지시하셨고 그가 물에 던졌더니 곧 쓴 물이 단물로 바뀌었다. 이것이 마라 사건의 전말이다. 그러면 이 기사의 결론은 어떻게 나야 하는가?

　'나는 너희들이 갈증을 느낄 때 시원한 생수를 제공하는 여호와다. 너희들이 위기를 만나거나 어려움에 봉착할 때 문제를 해결해 주는 여호와다.'

　그러나 이 사건을 총 정리하는 26절에는 약간 생뚱맞은 말씀이 나온다.

　"나는 너희를 치료하는 여호와임이니라."

　하나님이 누구를 고쳐주신 것이 아닌데, 치료한 것은 이스라엘 백성이 아니고 오아시스의 샘물인데, 왜 "나는 너희를 치료하는 여호와임이니라."고 하셨는가? 그 앞 구절에 보면 "너희가 너희 하나님 나 여호와의 말을 청종하고

나의 보기에 의를 행하며 내 계명에 귀를 기울이며 내 모든 규례를 지키면 내가 애굽 사람에게 내린 모든 질병의 하나도 너희에게 내리지 아니하리니"라는 말씀이 나온다. 이 말씀은 무슨 의미일까? 쓴 물, 계명의 청종, 백성의 치료… 왜 이런 요소들이 결합돼 있을까? 궁극적으로 어떤 교훈을 주시려 한 것일까?

나는 이 사건에서, 과거 애굽에서 당한 끔찍한 상처와 기억, 그리고 그런 정신적 외상(trauma) 때문에 불거진 지도자들에 대한 불신, 홍해가 갈라짐으로 인해 과거와 이미 단절되었음에도 불구하고 여전히 정신적으로 과거에 매여 사는 백성들을 치료하시는 하나님을 알게 되었다. 쓴 물을 단물로 바꾸어 주신 것처럼 내면의 쓴 물, 과거의 상처 때문에 일어나는 아픔을 치료하시는 하나님을 보았다. 이런 하나님을 믿고 인정하고 따르라는 교훈을 주시고자 마라의 쓴 물 사건을 연출하신 것 같다.

이것을 깨닫고 나니 교회 개척의 의미가 더 명료하게 잡혔다. 교인들이 교회에서 받은 상처, 과거의 상처를 치료해주는 일을 해야겠다는 사명감이 생겼다. 아울러 그 상처를 치료하는 길은 침 튀기는 부흥회, 요란한 이벤트를 여는 일이 아니다. 우선 그들의 상처가 무엇인지 잘 분석하고, 왜 한국교회가 상식이 통하지 않는 곳이 되었는지 반성해야 한다. 그리고 성도들의 상처를 싸매고 필요를 채워주는 쪽으로 나아가야 한다.

 예배를 살리겠습니다

쓴 물이 올라오는 이유는 쓴 뿌리가 있기 때문이다. 쓴 뿌리를 제거하기 위해서는 교회에서 상식의 회복이 이루어져야 한다. 그러나 상식의 확립과 소통만으로는 부족하다. 교회 지도자들의 전횡 때문에 받은 상처 치유에 필수적인 요건은 예배의 회복이다. 예배를 통한 하나님의 치료와 만져주심이 있어야 한다. 나는 예배에서 메시지(설교)라는 중요한 순서를 담당한 사람이다. 적어도 내게 예배의 회복은 메시지의 회복이다.

개척 후 얼마 되지 않은 시점에 사람들이 몰려오고 등록 교인이 무서운 속도로 늘었다. 매주 불어나는 교인들의 심방조차 감당 못할 지경이 됐다. 처음 한두 달 정신없이 심방을 하다가 '이게 아니다!' 하는 생각이 퍼뜩 들어 심방하는 일을 멈췄다. 새로운 성도가 등록을 하면 주간에 당장 찾아가서 교패를

붙이고 우리 식구로 못을 박으면 안심이 될지 모르겠지만 가만 생각하니 그래선 안 될 일이었다. 사람 쫓아다니며 교회에 붙들어 두려고만 애썼다가는 분명 메시지를 준비하는 시간이 줄어들 것이고 메시지가 힘이 없으면 예배가 약해질 게 뻔했다. 마음을 가다듬고 "예배의 기쁨을 회복시키는 데 마음을 쏟겠습니다." 하고 선언한 후 무조건 등록 교인 심방하는 것을 중지했다. 지금은 부교역자들이 심방을 도와주지만, 개척 초기에 등록 교인 심방을 안 한다는 것은 대단한 모험이 아닐 수 없었다. 하지만 더 중요한 것을 위해 과감히 포기해야 했다. 심방도 중요하지만 말씀으로 섬기기 위해 그 시간을 고스란

히 예배 준비에 사용하는 것이 더 값진 섬김이라 여겼다.

 목회자로서 우리교회 성도들을 섬길 수 있는 길은 많다. 사고가 났을 때 가서 위로한다든지, 장례를 치러 드린다든지, 결혼식 주례를 선다든지, 여러 가지 섬김의 방도가 있다. 하지만 그중에서 예배 시간에 선포될 설교를 충실히 준비하는 게 가장 최선의 섬김이라 생각한다.

 하나님께서는 내 중심을 보시고 강단에서 한 번도 눈물 없이 예배를 드린 적이 없도록 은혜를 부어 주셨다. 설교가 끝나면 그 내용이 개인적으로 적용되도록 하나님과 씨름하는 깊은 기도의 시간을 드리는데, 이 때 많은 성도들이 눈물을 흘리며 은혜를 경험한다. 지금 교회학교 학생들을 포함해서 2,000여 명 가까운 성도들이 모이기까지 어떤 틀, 시스템, 행사가 아니라 감격이 있는, 산 예배가 교회를 이끌어 왔음을 고백한다.

지루한 4퍼센트를 위한 몸부림

어찌 보면 지나칠 정도로 내 마음에는 설교에 대한 부담감이 있다. 언젠가 교회생활 전반의 만족도를 묻는 설문조사를 한 적이 있다. 의당 설교에 관한 항목도 넣었다. 아마 개척 초창기 허니문 기간의 프리미엄인 것 같은데 교인들의 94퍼센트가 '설교에 대체로 만족한다'고 응답했다. '설교가 어려워서 못 알아듣겠다'는 0퍼센트였다. 청소년 사역자 출신이라 어려운 설교는 하라고 해도 못한다. 오히려 4퍼센트 정도가 '설교가 너무 쉬워서 다소 지루하다'고 응답했다. 통계 결과로 보아서는 대만족이어야 하지만 이 4퍼센트가 마음에 걸리고 남는다. '어떻게 하면 이들을 하나님 말씀으로 채우고, 내 부족한 것을 고쳐 나갈까?'를 늘 고심하게 된다.

아직 "메시지가 너무 약하다. 그 메시지 가지고는 안 된다. 보완해야 한다."고 지적하는 사람은 없었다. 인사와 예의로라도 "설교가 참 좋습니다. 은혜 받았습니다." 하는 말을 많이 들었다. 아직까지는 누구도 "목사님, 설교가 이래서는 안 됩니다." 하고 충고하는 사람이 없었다. 그런데도 마음에는 늘 설교가 짐이 되고 부담이 된다.

　설교에 대한 벗어버리기 힘든 부담감을 느끼면서 개척 초기에 나는 한 가지 조치를 내렸다. 우선 우리 가정부터 밤 9시에는 자도록 했다. 9살, 6살, 4살짜리 아이들이 있는 집에서 밤 9시에 잠자리에 들기란 쉽지 않은 일이다. 그래도 나는 이 일을 강행했다. 밤 9시에 잠이 드니 새벽 3시 반, 4시 반이면 눈이 떠졌다. 심지어 어떤 때는 2시 반에 일어나는 날도 있었다. 이 시간에 눈을 뜨면 먼저 책상으로 가 말씀을 연구하고 묵상한다. 나는 이 시간을 통해 목회가 얼마나 고독하고 외로운 일인지 처절하리만큼 깨달았다. 만물이 잠든 그 적막한 시간에 일어나서 말씀을 연구, 묵상하는데 이런 생각이 마음 한켠을 짓눌러댔다.

　'이 놀랍고 위대하신 하나님의 말씀을 이것밖에 못 전하나! 바다를 설명하면서 컵에 든 물밖에 보여줄 수 없는 내 언어의 한계, 지식의 한계가 한스럽다!'

　그 누구도 이런 고통을 모를 것이다. 이 씨름은 일주일 내내 계속된다. 이른 새벽 스산하기까지 한 사무실에 홀로 앉아 사모하며 하나님께 구한다.

　'하나님, 은사를 주십시오. 지혜를 주십시오.'

 ## 자기학대가 아닌가

그래도 주일이 되면 말씀 전하는 기쁨에 설레고 가슴이 뛴다. 주일 저녁이 되면 오는 주일 말씀에 대한 부담 때문에 다시 전전긍긍하는 한이 있더라도 말이다. 만족하지 못하는 4퍼센트를 두고 '이 정도면 됐다.' 하고 자위할 수 있지만 한 영혼을 천하보다 귀하게 여기시는 아버지의 심정에 비추어보면 4퍼센트는 너무 크다. 이 4퍼센트에게도 은혜를 끼칠 수 있는 그런 설교를 위해서 기도하고 있다.

너무 욕심이 지나친 것 아니냐고 반문할 수도 있다. 그러나 설교시간만큼은 잃어버린 4퍼센트가 너무 안타까운 숫자다. 정말 내 욕심, 설교 잘한다 소리 듣고 싶어서가 결코 아니다. 그런 명예욕과는 추구의 본질이 다르다고 감히 선언할 수 있다. 오히려 아버지가 주시는 영의 밥을 받아먹지 못하고 배곯는 자녀가 하나도 없기를 바라는 간절한 소원인 것이다. 설교만 생각하면 끝없는 갈증이 느껴진다. 설교자로서 바른 설교, 좋은 설교, 영혼 변화시키는 설교에 대한 갈급함만은 죽는 날까지 양보하고 싶지 않다. 설교에 도움이 된다고 하면 고쳐보고 싶어서 별난 짓도 감행했다.

 나는 성도 가운데 다섯 분을 설교 모니터 요원으로 위촉했다. 칭찬하는 말 일랑은 일절 듣지 않겠다, 신랄하게 지적하고 비판해 달라고 부탁했다. 사소한 어휘 선택, 동작과 표정 하나까지도 지적해 달라고 했다. 예전에 교역자 가운데 교계 잡지사에서 기자 생활을 오래 한 경력을 지닌 분이 계셨다. 그분에게는 매시간 설교를 모니터한 결과를 놓고 지적을 받는다. 1부 예배를 마치고 나면 득달같이 달려와서, "목사님, 이 말은 반복을 몇 번 했습니다. 이것은 지나치게 강조했습니다." 하고 지적해 주신다. 나 자신도 '꼭 이렇게 해야 하나? 너무 지나친 것은 아닌가?' 하는 생각도 들었다. 주변의 지인 한 사람은 "그건 노력이 아니라 자기학대 아닙니까?" 하고 문제를 제기하기도 했다.

 한국으로 역 이민 와서 신학을 공부하고 목사가 되기 전, 나는 미국에서 대학을 마치고 조그마한 사업을 했다. 미국에서 사업할 때가 쉬운가, 아니면 지금 목회가 쉬운가, 하고 묻는다면 나는 망설이지 않고 목회가 훨씬 어렵다고 대답할 것이다. 사업은 열심히 한 만큼 가시적인 결과가 나타난다. 물론 그것도 뜻대로만 되는 것은 아니지만… 그 때는 손님이 99센트짜리 조그마한 물건을 찾는데 그 물건이 없으면 새벽시장에라도 달려가서 구해놓았다. 그러면 어김없이 매상이 올랐다. 하지만 목회는 그런 게 아니다.

지금 우리교회에 교인이 많이 모인다고 신문사에서 취재도 나오고 했지만 그런 가시적인 결과로 만족할 수 없는 게 목회다. 사람들이 다 손뼉치고 대단하다고 경탄하더라도, 목회자인 내가 하나님 앞에서 신실하지 못하고 성실을 다하지 못했을 때 하나도 기쁘지 않은 게 목회다. 반대로 최선을 다해서 준비했는데 성도들이 시큰둥하고 반응이 없어도 마음에 기쁨이 우러나오는 게 목회다. 그러니까 자기학대에 가까운 자기반성이 있어야 마땅하다. 만약 목회가 내 비즈니스이고 돈 버는 일 같으면 이렇게 안 할 것이다. 누구 말처럼 가늘고 길게 갈 것이다. 그러나 목회는 하나님의 일이니까 강박 관념이라 할 정도로 모든 것을 쏟아내야 한다는 게 나의 목회관이다.

예수님은 악함과 게으름을 동격으로 취급하셨다(마 25:26). 그래서 나는 늘 부교역자들에게 말한다.

"우리 가운데 악한 사람은 여기 없을 것입니다. 하지만 게으른 사람은 있습니다. 교역자들이 최선을 다하지 않는 것은 예수님이 보시기에 악입니다."

나는 부교역자들을 자주 이렇게 다그친다. 물론 나 자신도 그렇게 살려고 애를 쓴다.

나처럼 편한 목사 있으면 나와 보라고 해

설교에 대한 부담을 제외하곤 나만큼 자유로운 개척 교회 목사는 대한민국에 아무도 없을 것이다. 우선 성도들에게 하고 싶은 말을 다 하고 산다. 그리고 눈치 보지 않고 산다. 그 실례가 새벽기도회다. 목사가 기도할 거리도 없는데 모든 성도들이 다 나갈 때까지 앉아서 중얼거리다가 슬그머니 뒤를 보고 '몇 명 남았나?' 하고 헤아리는 그런 짓은 하지 않겠다고 결심했다. 하지만 사람들 눈치 살피지 않는 것과 기도 자체를 많이 하는 것은 분명히 다르다. 나는 늘 '제가 우리교회에서 제일 기도 많이 하는 사람이 되겠습니다.' 하고 다짐하며 산다. 쉽게 지켜지지 않을 다짐이겠지만, 그리고 평생 그 다짐을 지키지 못할지도 모르지만 사람들에게 과시하고 선전하기 위한 영성이 아니라 골방에서의 하나님과의 교제를 늘 꿈꾼다.

그리고 또 한 가지, 하나님께는 부담을 갖지만 사람 눈치를 살피는 목회는 안 하겠다는 결심의 작은 표시로, 나는 심방 갔을 때 촌성(寸誠) 봉투를 일체 받지 않는다. 식사 대접도 안 받는다. 이 점은 교회 앞에 아예 공표를 했다. 부교역자들에게도, 다른 것은 몰라도 심방 가서 봉투 받아 오는 일은 절대 하지 않겠다는 다짐을 받아냈다. 그 대신에 교회가 지금보다 더 재정적으로 안정되면 사례를 충분히 하겠다고 약속을 했다. 나부터 이 항목을 실천하고 있다.

한번은 어떤 분이 주신 봉투를 어쩔 수 없이 받게 되어서 이 돈의 용처를 놓고 고민하다가 부교역자들에게 내놓았다. 지금 명목은 부교역자들의 상조회비였다. 나로서는 상당한 메시지를 담은 행동이었다. 나 자신에 대해서는 자기 다짐이었고, 부교역자들에게는 '당신들도 이렇게 하시오.' 하는 일종의 사인이었다. "명절 같은 때에도 제게 선물하지 마십시오." 하고 공공연하게 말을 하니 메마르고 퍽퍽해 보인다고도 한다. 너무 인정머리가 없다는 말도 듣지만 어쩔 수 없다. 교회가 대의명분에서 성공하기 위해서는 다소 서운한 일도 감수해야 하기 때문이다.

언젠가 세미나에 참석했을 때의 일이다. 한 숙소에 배정된 두 분은 모 교단의 대형 교회 소속 목회자들이셨다. 이 두 분의 대화를 본의 아니게 듣고서

엄청난 충격을 받았다. 강남 지역의 부자 교구를 맡은 목회자들은 2년 정도 심방을 잘 다니면 촌지로 아파트 한 채를 산다는 농담 같은 이야기를 아무렇지도 않게 주고받으셨다. 더 코미디 같은 이야기는 교구 담당 교역자를 정하는 분이 교회 장로인데, 이 장로에게 잘 보이기 위해서 교역자들이 머리 터지게 싸운다는 것이었다. 남의 이야기가 아니었다. 분당같이 여유 있게 사는 사람들이 모이는 지역에서 목회하는 나도 자칫 잘못하면 얼마든지 저렇게 되겠구나 하고 생각하니 소름이 끼쳤다. 우리교회가 지향하는 상식이 통하는 교회는 바로 이렇게 숨어 있는 문제들을 간과하지 않고 선명하게 해결하는 것이라는 생각이 들었다.

 그 목사, 안 변했네

고맙게도 처음 개척할 때 사랑의교회가 일 년간은 약간의 사례비를 보조해 주기로 했다. 나는 그래서 일 년간은 우리교회에서 사례비를 받지 않기로 했다. 모든 성도들이 자기 돈 내가면서 교회를 세우는데 목사라고 입만 가지고 할 수 있나, 하는 생각이 들었다. 일 년간 사례비를 안 받는 대신, 교회학교 담당 교역자 다섯 분을 모셨다.

심방 가서도 식사 대접을 안 받았다. 등록 교인이든 창립 멤버든 특별한 예외가 아닌 경우는 식사를 안 했다. 이 원칙을 나 스스로 지켜왔다. 처음에는 '목사님이 우리 집에 오신다는데 뭘 대접할까, 뭘 차려야 할까, 뭘 좋아하시나?' 하고 정성을 들였는데 막상 내가 완강하게 대접을 사양하자 오해를 하는 경우가 왕왕 있었다. '나를 안 좋아하시나? 내가 대접하는 게 싫으신가?' 그래도 어쩔 수 없었다. 오히려 이런 폐단과 오해를 사전 봉쇄하기 위해 초지일관 식사대접을 안 받는 사람으로 각인을 시켜놓았다. 이렇게 하니까 아무도 상처 안 받고 시간이 지남에 따라 부담 없고 편하다며 다들 좋아하신다.

또한 편애하지 않으려고 애쓴다. 이를테면 창립 멤버의 집에 가서는 좋은 대접을 받고, 다른 교인에게 가서는 '저, 식사대접 안 받습니다.' 하는 식이라면 일관성이 없다. 그래서 어떤 의미에서 목회자는 로봇처럼 살아야 한다. 감정에 치우침 없이 중심을 지키며 살아가야 하는 것이다. 메말라 보이지만 이런 훈련이 서로 잘 되면 절대로 관계가 깨지지 않는다. 목사는 강단에서 감정을 표출하면 된다. 사랑도, 질책도, 위로도, 경고도 강단에서 하면 된다. 사사로운 관계가 아니라 공명하고 정대한 목자의 마음을 가지면 절대로 관계가 깨지지 않는다.

보통, 교회 개척하다가 사람 잃고 인정 끊어진다. 아무리 정성을 들여도 일년 안에 다 떠난다. 초기에 과한 사랑을 줬다가도 의견 충돌이 일어나면 쉽게 서로 등을 돌린다. 나는 이런 위험을 일찍 보았다. 그래서 냉정하고 쌀쌀맞아 보이지만 이렇게 말하곤 했다.

"창립 멤버들이 먼저 고개 숙이십시오. 여러분은 우리교회의 창립 멤버이며 동시에 걸림돌이 될 위험이 있는 사람들입니다. 장로될 생각 버리십시오."

찾아가기는커녕 바쁘다는 핑계로 전화 한 통 다정하게 걸지 않았다. 그런데도 아직 한 가정도 안 떠났다. 출석 인원이 벌써 1,400여 명을 넘어섰는데, 지금쯤 이러쿵저러쿵 말이 나올 법도 한데 조용하다.

"우리 목사님, 사람 달라졌다. 사람이 적고 아쉬울 때는 그렇게 매달리더니 이제 배부른가보다."

이런 말이 안 나온다. 30여 명이 모여 개척을 시작할 때부터 지금까지 내 태도가 똑같기 때문이다.

 예방의 손길

　　　　　　죄인들이 모여 사는 곳에 어찌 갈등이 없겠는가. 하지만 곪아 터지기 전에 미리 손을 써주시는 하나님의 손길을 몇 차례 느꼈다.
　2002년 8월, 2박 3일의 일정으로 전국 교역자 수련회에 참석했다. 그런데 이상하게도 첫 날 저녁부터 집회 내용보다 어떤 집사님 한 분이 내 뇌리를 떠나지 않았다. 집회가 끝나고 기도회가 시작됐는데도 영 기도가 안 나왔다. 답답한 마음에 짐을 싸 들고 집으로 돌아왔다. 다음날 아침 그분을 만날 요량으로 교회 사무실로 향하고 있는데 마침 그분의 부인이 벤치에 앉아 계셨다. 둘이 학교 벤치에 앉아 이야기를 나누다 충격적인 이야기를 들었다. 남편 집사님께서 내게 어마어마한 오해를 하고 있었던 것이었다.
　회의를 하는 과정에서 내가 전혀 의도하지 않고 던진 한마디 말 때문에 상처를 받고 오해의 눈으로 나를 보기 시작한 것이었다. 설교도 다 자신을 겨냥한 것으로 들려 더 이상 견딜 수 없어서 교회를 떠날 판이라는 것이었다. 너무 어이가 없었다. 듣고 보니 내가 조금만 해명을 하면 금방 풀 수 있는 오해였다. 먼저 부인께 설명을 하고 남편 집사님을 당장 만나겠다고 했다. 오후에 그분을 만났을 때는 이미 부인에게 전후 맥락을 전해 듣고 오해를 푼 상태였다.

또 한 번 비슷한 일이 있었다. 교인 중 한 분과 나눌 이야기가 있어 식사 약속을 정하고 만났다. 이야기를 나누는 중에 내 딴에는 여러 사람 앞에서 그분을 세워드리고자 한 언사가 오히려 정반대로 작용하여 그분께 큰 상처로 남게 되었다는 사실을 알게 되었다. 나는 진심으로 칭찬을 한 것인데 당사자인 그분은 '이찬수 목사가 나를 인격적으로 모독하고 있다'는 인상을 받은 것이다. 우리는 그 자리에서 오해를 다 풀었다.

나는 이 일로 한 가지 사실을 알게 됐다.

'교회가 상식만 통하는 데는 아니구나! 하나님께서 교회가 크는 과정에서 일어나는 아픔들을 예방해 주시는구나. 이런 초월적인 은혜가 없으면 아무리 도덕적으로 깨끗해도 풍비박산(風飛雹散) 나겠구나!'

나는 그 자리에서 집사님께 이렇게 부탁했다.

"집사님, 저를 잘 아시지 않습니까. 제가 돌려서 말하는 사람도 아니고 막힌 사람도 아닙니다. 저는 솔직하고 직선적인 것이 좋습니다. 또 이런 일이 일어나면 그 때는 즉시 저를 찾아주십시오. 제게 해명을 요구하십시오. 제 설명을 듣고 납득이 가시면 웃고 넘어가시고, 납득이 안 되시면 책망하세요. 누구를 대해도 꽁수 부리고 물 먹이는 짓은 하지 않습니다. 사람이 무서워서가 아니고 하나님이 무서워서 그렇게 못합니다."

 우리는 한 점 남기지 않고 오해를 풀었고 웃으면서 자리를 뜰 수 있었다.

목회는 영적 전쟁

목회란 이런 것이었다. 교회를 개척하며 알게 된 것은 목회가 순간 순간 영적 전쟁을 방불케 하는 것이라는 점이다. 생각해 보자. 나는 칭찬하려고 한 말을 모욕으로 받을 수 있다는 게 어디 상식적으로 설명될 수 있는가? 앞에서 우리교회가 순풍에 돛 단 듯이 나간다고 언급하였지만, 그건 어디까지나 결과만을 이야기한 것이다. 물 밑에서는 수도 없이 많은 위기와 갈등이 있었다. 하나님의 특별한 은혜로 수면 위로 올라오는 일이 없었을 뿐이다.

이 두 사건을 보면서 하나님의 예방을 실감할 수 있었다. 아직까지는 한 번도 갈등과 반목 때문에 다치고 피 흘리는 일은 없었다. 나도 상식과 원칙을 지키려고 발버둥을 쳤고, 창립 멤버들 역시 나의 쌀쌀맞음에도 불구하고 언제나 이런 결론을 내려준 탓이다.

'우리가 대우받고 유세 떨려고 교회 개척한 거 아니다. 하나님의 교회를 유익하게 하자. 그리고 우리는 이찬수 목사의 목회를 도우러 온 사람들이다. 이

찬수 목사가 처음 먹은 마음을 지키는 이상 그를 끝까지 돕자.'

 나도 사소한 문제로 시비에 휘말리지 않으려고 애써 왔다. 촌지를 안 받는 이유도 이런 것이다. 촌지를 받으면 사람을 의식해야 한다. 교회 내에 짐스럽게 느껴지는 특정 집단-예를 들면 창립 멤버들-도 하나 없다. 사람의 시선에서는 자유롭고 하나님 앞에서는 늘 부담스러운 목회를 하려고 한다.

헛된 기대감 빼버리기

나는 강단에 올라갈 일이 없는 평일에는 티셔츠를 입고 교회에 간다. 전통적인 교회에서 시무하다가 우리교회에 부임한 부교역자 한 분이 내 차림새를 보고 적잖이 충격을 받은 모양이었다. 집에 가서 아내에게까지 담임 목사가 평일에 티셔츠 차림으로 교회에 나왔다는 말을 했다고 하니 말이다. 글쎄, 이런 사소한 이야기를 비롯해서 내가 생각하는 것은, 목회자가 강단에 서서 말씀을 전하는 일 외에는 다른 어떤 부분에서도 과도한 기대감을 갖게 하지 말아야 한다는 것이다.

농담도 스스럼없이 잘 건넨다. 편한 옷도 입고 다닌다. 교회 세움의 본질과 관련이 없는 부분에서는 사람들의 뇌리에 박힌 목사 이미지와는 전혀 다른 모습으로 편하게 산다. 그렇다고 해서 강단에 섰을 때 평소의 편안한 모습이 겹쳐서 말씀 듣는 일에 방해를 받는가? 천만에. 그렇지 않다. 94퍼센트 이상이 설교에 만족한다고 했다. 지나치게 사람들을 의식하고 두려워하면 당장 행동거지가 부자연스럽게 나타난다.

사람의 기질이나 성격이 일차적인 요점은 아니다. 영적인 차원에서 인간은 모두 부패했다. 인간은 좋게 해석하거나 감사하지 않는다. 늘 악의적으로 비틀어 보고 불평한다. 성격 좋은 사람은 그 좋은 성격 때문에 망하는 게 인간의 본질이다. 따라서 나는 교회 안에서 일어나는 일을 나 자신의 친화력과 설득력으로 접근하는 일 자체를 포기했다. 나의 장점과 특기가 오히려 문제를 꼬이게 하는 주원인이 될 수 있기 때문이다. 필요한 것은 원칙이다. 그래서 개척 초기에 창립 멤버들에게 강한 드라이브를 걸었고 그것이 주효했다. 그 정도의 자기 반성력이 있는 성숙한 신자들이 있었기에 큰 아픔 없이 지나갈 수 있었다.

약함까지 위임하는 목회

목사 한 사람이 너무 많은 것을 짊어지고 나가기 때문에 목사 한 사람에 의해 교회가 좌지우지된다. 사람들은 여기에 실망하고, 안팎으로 말들이 난무한다. 이렇게 되면 오히려 목사가 피곤해진다. 나는 이런 점을 사전에 방지하기 위해 교회 조직을 아홉 개의 영역으로 나눴다. 그리고 영역 별로 팀장을 세우고, 팀장에게 예산 집행권을 다 넘겨줬다.

나는 교회 예산이 어떻게 집행되는지 구체적으로 잘 모른다. 아홉 명의 팀장이 서명을 하면 곧바로 집행된다. 앞으로는 더 많은 영역에서 더 많은 실권을 평신도 지도자들과 직능팀에게 이양할 생각이다.

이렇게 되면 나는 그야말로 보고만 받으면 된다. 목사가 일일이 다 나서지 않아도 평신도들이 자기 관심 영역에서 열심히 일할 것이다.

2002년 8월에 큰 물난리가 났다. 나는 교회가 이런 국민적인 아픔에 동참했으면 하는 마음으로 예배 시간에, "다음 주일에는 수재민을 위해 헌금을 합시다."라고 공지했다. 불과 일주일 만에 천만 원이 넘는 의연금이 걷혔다. 우리 스스로, "개척교회가 일주일 만에 이 정도의 성금을 내다니!" 하고 놀랄 정도였다. 평신도들 자신이 교회에 깊숙이 관여하고 있다고 믿을 때만이 나타나는 기동력이라고 본다.

분당 인근에서 여러 모로 부각되는 교회의 목사님을 강사로 초청해 집회를 가진 일이 있었다. 예배 시간에 공지하면서 "정말 훌륭한 목사님이 강사로 오십니다. 그분의 메시지를 들어보시고 좋으면 교회를 옮기십시오." 하고 말했다. 집회가 끝나고 나서 다시 이렇게 말했다.

"제가 지난주에 훌륭한 강사 목사님의 메시지를 들어보고 좋으면 그 교회로 가시라고 말씀드렸습니다. 이 말씀을 드릴 때 아무도 안 떠날 것을 알았습니다. 제가 왜 그런 확신을 가지게 됐는지 아시지요? 그런 대단한 목사님이 이끄는 교회는 조력자가 없어도 부흥합니다. 하지만 여러분, 저를 보십시오. 인격이 훌륭하지도, 경험이 많지도, 메시지가 뛰어난 것도 아닙니다. 그렇기 때문에 여러분이, '우리가 떠나면 이찬수 목사는 목회 못 한다, 저런 목사는 진짜 밀어줘야 된다, 도와주자' 하고 남으신 것입니다. 제 말 맞죠?"

이어서 코미디언 흉내를 내면서 "여러분, 저 좀 밀어주세요." 하고 말했다. 장내에 폭소가 일었다.

이렇게 하니까 목회가 부담이 안 된다. 나의 약한 모습을 드러내고 '나 이런 사람입니다. 그러니까 좀 도와주세요.' 하고 도움을 요청한다.

하나님은 너무도 신기하게 송림학교로 인도하셨고, 나의 약함을 보완하기 위하여 수많은 동역자들을 보내주셨다. 지난 일 년 반 동안 함께 일하게 된 부교역자들을 봐도 내가 얼마나 인복이 많은 사람인지 알 수 있다. 단 한 분도 예외 없이 자신이 담임 목사인 것처럼 교회를 솔선하여 섬기고 있다.

지금까지 순탄하게 성장시켜 주신 과정을 생각하면, 하나님이 살아계시다, 교회를 사랑하고 교회를 운행하신다는 사실을 절감할 수 있다.

# 두 가지 원천적 질문

사도행전 22장 7절 이하를 보면 바울의 회심 보도를 접할 수 있다. 나는 이 본문에서 특이한 대목을 발견했다. 바울은 회심에 직면해서 두 가지를 예수께 묻는다. 먼저, 7절에서 "주여 뉘시니이까" 하고 묻는다. 인격적으로 예수를 만난 사람은 이 질문을 하게 된다. 주님과 나의 관계가 어떻게 설정돼야 하는가? 주님이 십자가를 진 것이 나와 무슨 상관인가? 바울이 예수의 정체와 자기와의 관계를 물었을 때 예수께서는 자신을 설명하셨다. "나는 네가 핍박하는 나사렛 예수라." 여기까지는 당연하고 자연스러워 보인다.

그 다음으로 주목해야 할 것은 바울의 두 번째 질문이다. 바울은 이렇게 묻는다. "주여 무엇을 하리이까." 바울은 첫 번째 질문을 통해서 주님을 만나 해답을 얻었다. 우리 같으면 주님과 나의 관계를 깨달았으면 그 다음에는 아마 흥분하여 주님을 향해 이렇게 소리쳤을 것이다.

"주님, 그 동안 제가 모르고 주님을 핍박했습니다. 이제 저의 어리석음을 깨달았으니 앞으로는 죽을 때까지 목숨을 걸고 이렇게 또 저렇게 충성을 다하겠습니다. 충성!"

그러나 바울은 의아하게도 두 번째 질문을 이렇게 던졌다. "주여 무엇을 하리이까."

나는 그가 던진 이 질문의 의미를 곰곰이 묵상해 보았다. 묵상 끝에 나는 수많은 목회자, 열성적인 평신도 지도자들이 범하는 오류를 발견했다. 우리는 '주여 뉘시니이까' 하는 질문에 대한 답만 얻으면 이상하게도 자기 확신에 빠지게 된다.

주님께 묻고 답하는 과정을 생략한 채 '내가 이제 이 일을 하겠습니다.' 하고 나선다. 오도된 자기 확신에 빠져서 오류를 거듭한다. 예전에는 교회 밖에서 교회를 핍박하는 자였다면, 이 망측한 자기 확신에 빠진 후부터는 교회 안으로 들어와서 같은 짓을 반복한다. 개척을 하고 보니 교회가 세워지고 들어서는 것을 방해하는 것은 외부인이 아니었다. 교회가 세워지는 것을 방해하는 것은 바로 교회다. 스님이 아니라 목사가 방해한다.

# 다시 묻는 길

많은 사람들이 앞으로의 목회 계획을 묻는다. 그 때마다 나는 "모릅니다."로 일관한다. 무성의한 대답 같지만 나는 정말 모른다. 2003년에도 목표, 계획, 구호 등을 다 빼기로 했다. 우리교회 주보에서는 그 흔한 연간 목표, 표어를 찾아볼 수 없다. 나는 초심을 잃지 않고, 중심을 잡고 한걸음씩 나아가면 된다고 본다. 그때그때 필요에 따라 분별력 있게 행동하는 것보다 더 나은 목표는 없다.

2002년 성탄절이 지난 며칠 후 성탄 헌금을 어디에 쓰면 좋을지 의논하다가 정말 우연찮게 탈북자를 돕는 선교단체를 소개받았다. 탈북자들을 돕는 '하나원'이라는 공동생활 시설이 있고 그 안에 교회가 있다고 했다. 우리는 간단한 토의를 거쳐 성탄 헌금 전체를 그 단체에 쾌척(快擲)하기로 했다.

너무 뚜렷한 구상과 야무진 계획이 오히려 하나님의 개입을 막을 수 있다. 물론 무계획적으로 산다는 뜻은 아니다. 큰 방향만을 뚜렷이 설정하고 나머지 것들은 날마다 새로운 마음으로 묻는다. '주여 무엇을 하리이까.' 어떤 면에서 철저한 자기 확신에 빠진 담임 목사와 또 다른 자기 확신에 빠진 장로들이 머리 터지게 싸우는 곳이 한국 교회 아닌가. 그 어떤 목사와 장로가 하나님을 사랑하지 않아서 싸우겠는가. 장로는 장로대로 '이것이 분명히 교회를 사랑하는 길이다.'라고 확신하고, 목사는 목사대로 그렇게 확신하다가 결국 싸우고 갈라지는 것이 부인할 수 없는 현실이다.

우리는 '주여 뉘시니이까'에 대한 답을 들은 사람들이다. 이렇게 묻기 전에 행했던 오류들을 떠올리면서 여전히 오류를 범할 수 있는 인간들임을 깨닫고, 이제는 '주여 무엇을 하리이까'를 물으면서 나아가는 일이 목회다.

개척 후에 재미있는 에피소드가 있었다.

개척을 시작하려는 무렵에 나를 따라서 교회를 창립하는 데 합류할 것인지를 놓고 많이 고심한 분이 계셨다. 그 좋은 교회를 떠나서 어설픈 젊은 목사를 따라나서는 일이 쉬운 결정은 아니었을 것이다.

그 때 그분이 나를 초대하여 이런 질문을 던지셨다. "목사님, 장년 사역에 대해 세워놓은 계획이 있습니까?" 이 질문에 대한 나의 대답을 들어보고 따라나설지 여부를 결정하려고 하셨던 것이다.

이렇게 심각한 마음을 담고 질문을 던지셨는데 그에 대한 나의 대답은 의외였다고 한다.

"아무 계획도 정해 놓은 것이 없습니다."

감사하게도 그분은 결국 나를 따라나섰다. 한참 지난 후에 그분은 어떤 모임에서 웃으면서 그 때를 이렇게 회고했다.

"목사님께서 아무 목회 계획이 없다고 하시길래 농담인 줄 알았습니다. 설마 개척을 시작하시는 분이 아무 계획도 없을라고 하는 생각을 했습니다. 그런데 막상 따라나서보니 진짜 아무 계획이 없는 게 아니겠습니까?"

그 말을 들은 우리는 모두 폭소를 터뜨렸다.

실제로 우리가 아무 계획 없이 지나온 것은 아니다. 그 말 속에는 개척하는 목사가 너무 지나친 자기 확신에 빠져 하나님보다 앞서가는 계획은 하지 않겠다는 의지의 표현이 들어 있었다. 하나님이 지시하시면, 시대와 지역사회의 필요가 있으면 언제든지 무엇이든지 할 수 있다.

고치는 게 두렵지 않다

개척을 시작하면서 내건 공약이 있다. 7년 뒤에 재신임 투표를 받겠다는 것이었다. 담임 목사의 임기를 한 텀당 7년으로 보고, 매 7년마다 성도들이 나의 재신임을 허락할 때 그 다음 7년간의 목회를 계속하겠다고 다짐했다. 문제는 몇 퍼센트의 성도들이 신임을 허락해 줘야 재신임이 가능하냐는 것이었다. 나는 성도의 3분의 2정도의 찬성으로는 부족하다는 생각을 했다. 그래서 예배 시간에 "저는 7년 뒤에 담임 목사 신임 투표를 해서 출석 성도의 80%가 허락해 주셔야 그 다음 텀을 다시 목회할 것을 약속드립니다." 이렇게 공언했다.

그런데 그렇게 공언한 이후로 그것이 나의 거만임을 깨달았다. 그 속에는 무서운 나의 과시와, 그 정도는 얼마든지 받아 낼 수 있다는 인간적인 자신감이 숨어 있었다. 그래서 나는 하나님께 회개하고 그 다음 주일날 성도들에게 솔직히 그 사실을 고백했다. 그것은 분명 실언이고 공신력을 잃은 처사였다.

그러나 나는 그 일을 부끄럽게 생각하지 않는다. 그것이 거만한 태도였다고 깨달았으면 즉시로 사과하고 용서를 구하는 게 목회자가 걸어야 할 길이다. 80퍼센트 이상의 재신임 공약을 교회 정강에 올려놓았다가 고치기로 했다. 자신감을 잃어서도 아니고 두려움 때문도 아니었다. '80퍼센트 이상의 재신임 표'라는 호언장담에 스며든 영적 방심과 거만을 깨달았기 때문에 수정을 해야겠다고 생각한 것이었다. 바로 이것이 '주여 무엇을 하리이까'의 정신이다.

이 원칙은 내게만 적용되지 않는다. 모든 교인들, 특히 봉사직에 나서는 모든 성도들에게도 적용된다. 우리교회는 별나게도 집사직 임명이 굉장히 까다롭다. 우선 객관적으로 볼 때 집사 자격이 있다고 판단되는 후보자들에게 공문서를 발송한다. 일종의 임명 동의서다. 여기에는 몇 가지 항목의 서약이 나온다. '십일조를 하겠습니다', '주일을 지키겠습니다' 등등 교회의 집사로서 가져야 할 기본적인 라이프스타일에 관한 약속을 받는다. 여기에 성실하게 서약한 후보자만을 집사로 임명한다. 그리고 공개 석상에서, "우리교회만큼은 집사 직분을 교회에 주저앉히는 도구로 쓰지 않는다."고 공언했다.

"한국교회 집사 중에 십일조하는 사람이 얼마나 되겠습니까? 이전에 안 하셨더라도 이 부분에 결심이 선 분들만 임명 동의서에 사인해서 보내십시오."

큰소리를 쳐놓기는 했지만 안 그래도 많지 않은 집사 후보들 중에서 몇 명이나 동의서에 사인하려나 하는 불안한 마음이 있었다. 하지만 뚜껑을 열었더니 거의 100여 명이 동의서에 사인을 해서 보냈다. 이 숫자는 2002년 말에 234명으로 늘었다.

 친절 교육

　　　　　동의서를 낸 사람들은 임명을 받기 위해서 직분자 수련회에 참석해야 한다. 이 수련회는 3일간에 걸쳐 실시되는데, 특별한 사정이 있어 참석이 어려운 경우에는 강의 테이프를 듣고 리포트를 써내야 한다. 작년의 경우 그 3일간의 직분자 수련회 스케줄은 이틀은 외부 강사의 강연, 마지막 날에는 친절 교육을 받았다. 우리교회에 친절 교육 전문가가 계신데, 그분으로부터 강도 높은 교육을 받는 것이다. 집사 후보자들은 일어나서 백화점 직원들처럼 오른손을 왼손에다 포개고 허리를 깊이 숙여서 인사하는 법부터 배웠다. 웃는 법을 위시하여 손짓으로 방향 지시하는 법 등도 훈련받았다.
　나는 지속적으로 이 교육을 할 생각이다. '하나님은 사랑이시라'고 떠들면서 불만스런 얼굴 표정 하나 바꾸지 않는 교회 사람들! 이런 코미디가 어디 있는가! 요란한 구호 대신 친절한 웃음, 반가움이 베어 나오는 인사에 신경 쓰자는 것이다. 이런 취지에서 교역자, 직원들에게 'Three Out' 제도를 선포했다. 성도들로부터 불친절하다는 지적을 세 번 받으면 보직 해임하겠다는 내용이다. 무리한 측면이 없지 않지만 이런 정신으로 가야 한다. 부교역자들에게 늘 하는 말이 있다.

"억지를 부리고 황당무계한 논변을 펼치는 교인도 있습니다. 이 때는 납득이 가도록 한번 설명을 해드리세요. 그러면 제정신인 사람은 대부분 알아듣습니다. 혹시 못 알아들으면 두 번 설명을 해드리십시오. 웬만한 사람은 납득합니다. 그래도 이해를 못하면 세 번 설명해 드리세요. 세 번 설명을 했는데도 납득을 안 하면, 무조건 당신이 틀렸고 그분이 옳은 겁니다."

억울한 표정을 짓는 교역자들에게 이런 말로 다시 한번 쐐기를 박는다.

"우리는 객관적으로 옳고 그름을 판단하기 위해 존재하는 사람들이 아닙니다. 교인이 왕이고 우리는 그분들을 섬기기 위해서 하나님이 보내신 종입니다. 그분이 끝까지 옳다고 하면 상식적으로 옳지 않아도 옳다고 받아들여야 한다는 뜻입니다."

# 우리는 완제품이 아닙니다

　　　　　　연세가 좀 드신 성도 한 분이 우리교회에 출석하기 시작했다. 20여 년간 아내 손에 이끌려 교회에 나간 '치마끈' 신앙인이었다. 서울에서 유명하다는 목사님의 설교를 십수 년 들었다. 그런데 말씀이 전혀 귀에 들어오지 않았다. 설교를 듣기만 하면 하품이 너무 많이 나와서 '도대체 내가 하품을 몇 번이나 하나?'를 '바를 정'(正) 자를 써서 셀 지경이었다. 이 정도로 말씀에 닫혀 있던 분이었는데, 우리교회에 나오면서 예배의 맛을 알게 됐다.

　특히 그분은 소그룹 모임인 다락방을 통해서 깨지기 시작했다. 주일 예배조차도 억지로 코가 꿰어 오시던 분이 자발적으로 금요일 저녁 8시 반에 모여서 어떤 때는 새벽 1시까지 이어지는 다락방에 성경 공부를 하러 오는 것 자체가 기적이었다. 다락방을 통해 말씀을 듣고 바뀌기 시작했다.

　한번은 회사에서 회식이 있었다고 한다. 그분은 술에 취한 상태에서 대리운전을 시켜서 다락방 모임에 나왔다. 보통 교회 같으면 "거 참, 술이나 좀 깨고 나오시지." 하고 가시 돋친 말이 나왔을 텐데, 그 다락방에 모인 남자 교인들은 모두 너무도 따뜻하게 그분을 맞아주었다.

"형님, 정말 잘 오셨습니다! 술 취하면 어떻습니까? 괜찮습니다."

이런 분위기가 교회의 주류를 이루니까 공동체가 화목하다. 술 취한 것을 잘했다는 것이 아니다. 피차 연약함을 용납해 줄 수 있는 분위기가 만들어지고 있다. 담임 목사인 나부터가 예상을 벗어나는 연약한 모습을 드러낸다. 따라서 교인들의 의식 속에 완벽 콤플렉스가 치료되는 것 같다.

'완전하지 않아도 된다. 우리가 약한 사람임을 알고 있으면 된다.'

교회 안에서 일어나는 싸움의 주종은, '내가 옳으냐? 네가 옳으냐?' 이다. 우리교회는 다분히 이중적이고 비성경적인 완벽 콤플렉스를 깨나가고 있다.

 만남, 최고의 축복

교회가 이런 모양으로 가게 된 바탕에는 '만남의 축복'이 놓여 있다. 청소년 사역자 시절의 제자가 명문대학에 합격했다며 찾아왔다. 그 아이에게 이런 충고를 해줬다.

"네가 대학생활 하는 동안에 매일 기도해야 할 제목이 있다. 너는 이제부터 만남의 축복을 달라고 기도해라. 네 옆에 누가 있느냐에 따라서 네 인생이 달라진다. 사실 대학 안 나와도 된다. 4년씩 그렇게 힘들여 공부할 필요 없다. 그런데 왜 대학에 가니? 대학이라는 넓은 밭에서 다양한 만남, 좋은 만남, 믿음의 동지들을 만날 기회를 제공받기 때문이다."

내 목회의 기초체력은 만남의 축복이 키워주었다. 사랑의교회 옥한흠 목사님을 만난 것, 그분의 삶과 목회를 지켜볼 수 있었던 것이 가장 큰 만남의 축복이다. 옥 목사님은 한국을 대표하는 큰 교회를 목회하면서도 '한 사람 철학'을 붙들고 사셨다. 2만여 명이 넘는 교인들을 목양하는 목회자였지만 교역자들이 모인 회의에서 병든 한 성도를 놓고 눈물을 펑펑 쏟으며 기도하셨던 모습은 목회의 평생 귀감이 된다. 목회자가 군림하는 교회가 아니라 평신도들을 깨워 교회와 세상을 복음으로 섬기게 한 제자훈련 철학 또한 목회의 귀중한 자양분이 됐다. 옥 목사님이 키워놓으신 평신도 지도자들 30여 명과 함께 교회를 개척하게 된 것, 이 만남 역시 내게는 평생의 축복이다. 아름다운 부담이다.

내가 한 게 아니라

우리교회 개척일기의 마지막 장을 장식할 단어는 바로 '은혜'다.

교회 개척 시작부터 '은혜'라는 코드가 아니면 도저히 설명할 길이 없는 일들이 이어졌다. 매일 송림 중고등학교 교정을 밟으면서 '나는 지금 홍해길을 건너고 있다'는 생각을 갖는다.

뿐만 아니라 지난 일 년 반 동안, 자기 몫이나 챙기겠다는 사람들과 함께 했다면 이렇게 짧은 기간에 괄목상대할 만한 성장과 부흥은 어림없었을 것이다. 특히 모든 기득권을 내려놓고 일방적으로 희생한 창립 멤버들이 없었다면 우리교회의 건강한 입태(立胎)는 꿈도 못 꿀 일이었다. 하나님과 성도들에게 평생 못 갚을 빚을 졌다.

언젠가 창립 멤버 한 사람에게 농담 삼아 물었다.

"집사님, 사랑의교회에 그냥 계셨으면 차차기 장로 후보였을 거라고 소문이 자자합니다. 사랑의교회에서 그만한 입지를 굳혀 놓으셨는데 왜 저같이 어설

픈 사람 따라와서 이 고생입니까?"

"맞습니다. 사랑의교회에 그냥 있으면 여러 가지로 안정적이지요. 하지만 인생의 후반전으로 들어선 지금, 안주하고 누리는 것보다 좀더 보람 있고 가치 있게 사는 길이 이 길이라고 생각하고 선택했습니다."

이런 일도 있었다. 성탄절 예배를 마치고 나가면서 한 해 동안 수고했던 집사님과 인사를 나누게 됐다. 그분에게 악수를 청하면서 이렇게 말했다.

"한 해 동안 정말 너무 감사했습니다. 잘 도와주셔서 감사합니다."

그러자 집사님은 내 손을 더 꽉 잡으며 이렇게 말씀하셨다.

"목사님, 제가 평생 목사님의 병풍이 되어 드리겠습니다."

평소에 무뚝뚝하신 집사님의 입가에서 흘러나온 사랑의 격려에 나도 모르게 눈가에 물기가 촉촉이 젖었다.

하나님의 교회는 목사의 인간적인 친화력이나 대인관계로 세워지는 게 아니라, 원칙을 저버리지 않고 중심을 세워나가면 하나님께서 다 해주신다는 것을 철저하게 깨달았다.

그리고 그 원칙과 상식만으로는 도저히 감당할 수 없는 하나님의 은혜로 교회는 세워지고 성도가 자란다는 사실을, 짧지만 개척 목회의 현장에서 처절

셋째 마당 쓴 물을 단물로 바꾸는 교회 · 163

하게 목도했다.

 나는 아직도 혈기 왕성한 젊은 목사다. 순교로 생을 마감하신 목사 아버지가 가셨던 길이 선한 일임을 깨닫고, 가던 길을 돌이켜 사역의 현장으로 뛰어든, 20-30년 이상 목회 이력을 가지신 선배 목사님들에 비하면 아직 새파란 목사다. 이 많은 하나님의 양들을 돌보기엔 삶의 연륜이나 지식이나 경험이 그저 모자란 것 투성이다. 내세울 것이라고는 이 소명 앞에 우직한 충성심, 진리와는 그 무엇도 맞바꾸지 않겠다는 복음에 대한 열정 하나로 내 생을 불태우고 싶은 소원, 반짝반짝한 눈빛뿐이다. 하나님의 끊임없는 은혜, 성도들의 마음 가운데 임하시는 하나님의 무조건적인 은혜가 아니면 결단코 여기까지 올 수 없었다. 더욱이 여기가 끝은 아니다. 나와 분당우리교회는 하나님께서 건네주신 세상을 향한 사명을 완수하고자 하는 소원으로 한 발 한 발 나아갈 것이다. 처음 주셨던 그 마음을 언제나 간직한 채 말이다.

 우리교회를 개척하기 위해 준비 모임을 가질 무렵, 창립 멤버들이 발표한 꿈꾸는 교회를 위한 청사진을 소개한다.

 이 땅의 모든 교회들이 '꿈꾸는 교회'가 되기를 바라며…

창립 비전

21세기 디지털 기술과 함께 전개되는 새로운 세상은 새로운 교회 사역을 요구하고 있다. 과거와는 전혀 다른 문화의 물결이 밀려오고 있는 이 시기에 분당우리교회는 하나님의 뜻에 민감하고 목적에 충실한 교회가 되기를 소망한다.

분당우리교회는 예배가 살아 있는 교회가 되기를 소망한다.
온 가족과 이웃이 손에 손 잡고 모여 앉아 기쁨으로 크게 외쳐 하나님을 찬양하고 경배하며 사랑 안에서 만남의 교제를 통해 함께 울고 함께 웃는 예배공동체를 소망한다.
성령과 진리 안에서 드리는 예배를 통해 구원의 감격을 회복하고 기쁨과 감사의 눈물이 있고 회개와 용서를 맛보며 꿈과 사명을 발견하여 이웃사랑을 결단하는 예배를 드린다.

분당우리교회는 가정을 회복하는 교회가 되기를 소망한다.
청소년과 부모님이 함께하는 찬양의 축제가 펼쳐지고 아버지, 어머니, 자녀가 나란히 앉아 찬양 속에 하나가 되어 "난- 예수가 좋다오"를 고백하는 가정이 되기를 소망한다.
아버지 어머니 훈련을 통해 부모가 올바로 서며, 온 가족이 한 자리에 모여 서로의 마음을 열어 나누는 가정예배로 하나님이 원하시고 이웃들이 닮고 싶어하는 가족공동체가 되기를 소망한다.

분당우리교회는 젊은이를 바로 세우는 교회를 소망한다.
기독 이념으로 설립된 학사 및 문화센터를 통하여 젊은이들이 자신의 가능성을 계발하도록 도움으로써 청소년 문화를 꽃 피우는 교회가 되기를 소망한다.
젊은이들이 자신의 소명을 발견하고 장래의 꿈을 품으며, 푯대를 향해 달음질치는 미래의 지도자로 바로 세우는 교회가 되기를 소망한다.
분당우리교회가 기독교 교육의 본을 보이는 교회로써 사용되어 이웃 교회들에게 청소년 교육 자료와 훈련 프로그램, 지도자 교육을 제공하는 교회가 되기를 소망한다.

분당우리교회는 섬김의 본이 되는 교회를 소망한다.
가난하고 소외된 이웃에게 다가가 그들의 진정한 이웃이 되며, 성령이 주시는 능력을 쫓아 기쁨으로 헌신하는 교회공동체가 되기를 소망한다.
교회가 속한 지역사회의 학생들을 사랑으로 섬기며 나아가 한국 사회를 변화시키는 사역에 크게 쓰임받기를 소망한다.

사명선언문

너희가 흠이 없고 순전하여……세상에서 그들 가운데 빛들로
나타내며 생명의 말씀을 밝혀 _ 빌 2:15-16

1. 생명을 담겠습니다
만드는 책에 주님 주신 생명을 담겠습니다.
그 책으로 복음을 선포하겠습니다.

2. 말씀을 밝히겠습니다
생명의 근본은 말씀입니다.
말씀을 밝혀 성도와 교회의 성장을 돕겠습니다.

3. 빛이 되겠습니다
시대와 영혼의 어두움을 밝혀 주님 앞으로 이끄는
빛이 되는 책을 만들겠습니다.

4. 순전히 행하겠습니다
책을 만들고 전하는 일과 경영하는 일에 부끄러움이 없는
정직함으로 행하겠습니다.

5. 끝까지 전파하겠습니다
모든 사람에게, 땅 끝까지, 주님 오시는 그날까지
복음을 전하는 사명을 다하겠습니다.

서점 안내

광화문점	서울시 종로구 새문안로 69 구세군회관 1층 02)737-2288 / 02)737-4623(F)
강남점	서울시 서초구 신반포로 177 반포쇼핑타운 3동 2층 02)595-1211 / 02)595-3549(F)
구로점	서울시 동작구 시흥대로 602, 3층 302호 02)858-8744 / 02)838-0653(F)
노원점	서울시 노원구 동일로 1366 삼봉빌딩 지하 1층 02)938-7979 / 02)3391-6169(F)
일산점	경기도 고양시 일산서구 중앙로 1391 레이크타운 지하 1층 031)916-8787 / 031)916-8788(F)
의정부점	경기도 의정부시 청사로47번길 12 성산타워 3층 031)845-0600 / 031)852-6930(F)
인터넷서점	www.lifebook.co.kr